U0073437

時間，
才是最後的
答案

角子 著

答 案

那一定是一個讓人傷心的答案。

否則你也不會在他都走遠了之後，還一個人盤桓在那些記憶裡。

你真的很盡力了，你沒有對不起他、沒有對不起這份感情，那是你發自內心的問心無愧。

你沒有後悔，因為你們曾經很快樂；可是你也不想再耽溺，你知道你的人生還有很多可能。如果當時你可以對那份感情那麼勇敢，那你現在一定也可以勇敢努力去離開。

你一直是這樣鼓勵著自己的。

在那些努力前進的日子裡，在那些偶爾振奮、偶爾沮喪的片刻中，你沒有跟任何人提，關於那份感情，關於那個那麼容易就又開始新生活的人，其實你還是又問了自己好多的問題。每一次，都還是會心痛；每一次，都還是要給自己好大的鼓勵，才能夠再繼續往前走。

而我，當時在那個心痛的答案裡，也是這麼鼓勵著自己的。

在那條忽明忽暗的路上，在那些好似就要走出來的日子裡，卻因為生活裡一個跟從前相似情節的提醒，霎時淚如雨下。然後懷疑，是不是自己還不夠努力？甚至懷疑自己是不是永遠都不會好了？

後來，我才明白，跟努力無關，你其實已經做得夠好了！我們只要把走出來的「順序」調整一下，路就會好走很多。那就是每一個正站在傷心的時間點上的人，在面對時間的過去、未來、現在的三個軸向裡，應該先確立好的順序。

你應該先「接受過去」，接受那場傷心是一個確定的事實，這樣我們才能夠真正地重新開始；然後，要「相信未來」，相信一定會有更好的幸福，正在未來等著我們；於是，為了走到那場幸福，我們才要更加地「努力現在」。

這就是我在這本書裡，想要跟你分享的：十四個「接受過去」的方法、十二個「相信未來」的理由，和十二個我們應該「努力現在」的目標。

這本書，有太多人的熱忱參與，除了許多讀者的來信，還有提供親身故事的讀者們，他們的勇敢與無私，成為這本書最珍貴

的核心價值。當然，也包括我自己的，那個在二十年後轉身，終於又看清楚了更多的故事。

盼這本小書，能做這一路與你同行的知己，在時間的風雨裡、在那些又動搖的時刻，能夠如暖燭在心中點燃、如微星在前方亮起──你會想起，這書中曾經理解了你的那一句；你會彷彿看見，書中那些真實的人物，他們每一個都可能是你，都可以在我們覺得脆弱的時候，確定自己並不孤寂。

當你看完這本書，在明白了那些道理、看清了那些真相之後，最後的工作，就交給時間吧！

每一段傷心的旅程，都是那樣開始的，我們帶著傷心的答案出發，最初希望得到的只是遺忘，最後卻在時間的洪流裡，又得到了新的答案。

讓時間告訴你，那究竟是一場青春裡的無怨無悔，還是只是機緣巧合的誤會一場？

讓時間幫你分辨，什麼人對你只是信手拈來，而你也終將回報以遺忘；也有些人，並不是故意騙你，只是他沒有你堅定，於是你也可以釋懷，把那場曾經，變成生命中美好的一段。

時間，才是最後的答案。

「好在你沒有繼續牽絆我，所以我後來才能看見更大的世界，遇見了真的幸福。」這是書裡我寫在自己的故事最後的文字。

是我在時間的洪流裡終於看見的，原來時間最後會給我們的答案，不是只有真或假，不會只有遺忘或遺憾，而是每個努力向前的人，最後都一定會看見的，更好的自己。

這是時間最後給我的答案。

相信你也很快就會收到你的答案。

静 11. 06. '2021

目錄

Step 2 ─────────

Step 3 ————

Step 1 ———

接受過去

對自己誠實了，
就不要再回頭

對自己誠實，永遠是尋找幸福唯一的方法。

誠實地接受你們並不適合。
誠實地面對他並不在乎你，於是再多的付出，
都不會有任何意義。

並不是你不夠努力，而是他不想珍惜。
對自己誠實了，就不要再回頭。

你會自己勇敢。
那些他逃避給你的理由，你會自己跟自己說。
那些他沒勇氣面對的，你會自己勇敢去面對。

面對，這段感情真的結束了。
面對，他真的不是你的幸福。

面對，才會長大。
面對悲傷，我們才能看見幸福真正該有的樣子。
然後，走過這段路，去看見真的幸福。

如果他會給你幸福，
你早就幸福了

他走了，你是被他丟下的人，即便他都已經做得那麼絕情，可是你還是覺得可惜；也可能，你是那個受傷至深，終於鼓起勇氣離開的人，然後你發現自己原來沒有那麼勇敢，因為你竟然開始懷疑，自己的決定是不是太衝動了？

你覺得可惜的是那些你們曾經有過的快樂，直到現在都還在你腦海裡反覆重播的那幾件事，他在那些故事裡曾經為你做的事、對你說過的話，每一個畫面你都記得。最讓你苦苦糾結的是，如果你們當時的步履是如此有志一同，那為什麼不能「一起」再更努力一點，跨過後來的障礙？！

也許，你是那個終於決定離開的人，正在後來的傷心裡質疑自己，有沒有可能是因為自己一時「任性」的決定，於是錯過了一個有潛力的人，錯過了幸福的機會。

不論是被丟下的人，還是傷心離開的人，後來都可能一樣會難過。並不是被留下來的人才會受傷，勇敢離開的人也可能是傷痕累累的。我們這才看明白了：離開或留下，並不是後來會不會傷心的關鍵；是「珍惜」與否，才是我們最後還會為那份愛頻頻回首和流淚的理由。

　　對比於你，那個看起來幾乎無傷的人，那麼快就可以有新的開始，就像天明那樣自然而然，一點都不需要努力──那也幾乎就是答案了！一個在事後不需要努力就可以走出來的人，經常也是一個在當時就不曾努力的人。所以他們才不會後悔、不會可惜。要期待一個在當時就不曾努力的人，後來還要再跟你「一起」努力跨過那些挑戰，又是多麼奢侈的盼望。

　　是的，也許你才是那份感情裡唯一努力的人。努力把他的信手拈來，想成深刻；努力把後來的那些傷心跟寂寞，想成是對愛的包容和付出；連最後，都還要努力地為難自己，覺得一定是自己哪裡做錯了，才會錯過這份愛。

　　那就是我們經常因為太傷心而忘記的事實，我們不是在失去後才想起要努力，我們是已經那麼盡力了，還是無法把那份感情努力成幸福；我們並不是因為不夠珍惜才失去那份感情，我們正是因為太珍惜，才會在事過境遷之後，還停留在這裡。

你哪有「錯過」什麼?！如果他會給你幸福，你早就幸福了！那場你曾經殷殷期盼的幸福，最後只有無力跟寂寞是真的。那些你念念不忘的快樂，他也許陪你走過片段，卻無意把它堅定地走成幸福。

　　離開一個不能給你幸福的人，絕對不是「任性」的決定，而是你最誠實的面對。

　　看清楚了，就別再逗留了！離開一場錯愛，才會是另一場真愛的開始。那個人絕對不是他！想通了，你就又有了幸福的資格。

　　人生很長，你一定要再往前去看看，要給你幸福的人，絕對不會在過去，也只可能在前方等你。

不是一起前進的愛，
是絕對走不到幸福的

別將就，別道歉。
你沒有錯。
喜歡一個人，本來就會想要一直跟對方在一起。
本來，就會很期待對方的回應和在乎。

你並不貪心，
你已經做得夠好了。
感情不是那樣的。
不是只有你的體諒配合，也要有對方的適可而止。
不是只有你單方的妥協，也要有對方的默默調整。

別再退讓了，
不是一起前進的愛，是絕對走不到幸福的。

你要往前走了，
你不想繼續在他的那些奇怪的理由裡迷路了。
一直挽留一個人，只會讓你丟掉更多的自己。

你已經答應自己了。
你發誓，這一生你一定要去到那樣的地方，
找到一個你很想他、而他也總是很想你的人，
那才是愛真正的滋味。

vol.3

你不必愛得那麼卑微，
對的人，什麼都會給你

　　那不是你原本想像的「愛」的樣子，但即便如此，你還是沒有離開。

　　因為你捨不得，捨不得那份「愛」剛開始時的樣子，那時候的你們很好，他很可愛，每次看著他對你走來，你都覺得自己是全世界最幸福的人。

　　你寵他，想讓他也成為全世界最幸福的人。你覺得愛就是一種互相，當對方對你好，你就會也想對他好；又或者，其實你也只要確定對方是對你好的，你就會盡全力去回報——你們那場關係的失衡，就是從那裡開始的。

　　當你發現他開始把你對他的好視為必然，而不再在乎你的感受的時候，你想過各種改善的方法，你發現唯一不必強求他、只要自己就可以做到的辦法，就是「渺小」自己，渺小自己的感受

和擔憂，因為只有那樣你才能繼續在那份感情裡找到立足之地。

你告訴自己不要多想，鼓勵自己繼續對那份愛盡力。你努力讓他開心，每當你又看見他的笑容，他那一丁點兒跟你的努力完全不成比例的回饋，還是可以讓你覺得欣慰。如此你便可以安慰自己，是的！他應該還是愛你的，他應該跟你一樣，還是留在這份愛裡的。

事實是，享受別人對自己好是容易的，可是幸福卻一定要兩個人一起努力才會成立。他沒有跟你一起，那一直是你「單方」的面對，單方面對那份愛由濃轉淡，單方面對你們的距離越來越遠。他不覺得可惜，他沒有想要一起努力——那就是所有曾經在感情裡單方努力過的人的不明白，為什麼那個曾經「說」過愛的人，後來可以那麼輕易就不愛了？

因為愛，永遠是用「說」的比「做」的容易；因為他還沒真的愛，他從來都沒有深刻地愛過你。

所以後來願意在那份愛裡「渺小」的人才會只有你。你很勇敢，但實在可惜。因為只有單方「渺小」的感情，叫做不被珍惜；是兩個在那份愛裡的人，彼此都願意為對方「渺小」，那份愛才叫做惺惺相惜。

你為那份愛付出過很多，你沒有說、你不想說，那是許多你說出來會覺得很對不起自己的故事、那是許多你回想起來會覺得很心酸的畫面，因為你竟然必須做那麼多，才能兌換到那些他信手拈來的對待。那是你在得到他的一個笑容的背後，必須流下多少的眼淚；那是你在又默默偷渡了他的一個溫暖的意象後，必須一個人承受多少暗夜的孤寒。

　　這整件事情最不公平的並不是這些失衡，而是他的理直氣壯，他究竟是哪裡來的自信，認為他可以這樣對待你？！而你究竟又是多溺愛他，才讓自己最後活成了這個樣子？！

　　錯的不是愛，錯的是人。付出沒有錯，錯的是我們把珍貴的愛，拿去跟錯的人交換。那些需要我們用巨大的犧牲和付出，才能兌換到愛的人，其實都未曾真的想給過我們什麼。

　　那是當我們後來真的遇見了一個真心對待我們的人，你才發現原來那才是「愛」真正該有的樣子：用力地付出，也被用力地寵愛。那個懂得你的好的人，絕對不會看輕你，只會因為你的付出而更珍惜你。

　　別因為錯的人，而渺小了自己。把你的犧牲和付出，留給將來那個真的懂得珍惜你的人。當你終於遇見了那個對的人，你將會徹底明白……

你不必愛得那麼卑微，對的人，什麼都會給你。

你寧可一個人慢慢走遠，
也不要再繞著寂寞無限地迴旋

「強求」是永遠一個人在等；
「適合」是兩個人的自然而然。

「勉強」是一個人一直退讓；
「磨合」是兩個人都一起努力著。

一個人，可以努力去任何地方。
勉強的兩個人，再努力，也只會回到原點。
一個人並不寂寞，
在兩個人的世界裡，還是經常感覺一個人，
才是真的寂寞。

你一定會走到的。
就像後來所有走到幸福的人一樣，
把「一個人」當成走到幸福必然的過程。

你寧可一個人慢慢走遠，
也不要再繞著寂寞無限地迴旋。

瘟疫

　　新冠肺炎如瘟疫般攻擊著世界，當它終於攻入臺灣的那幾天，我收到了 Foncel 的信。

　　馬來西亞的疫情似乎更加嚴峻，而他也還身處在那場感情的瘟疫裡。

　　「角子，在他走後的這些日子，我不吵不鬧，直到看了你的書，才終於大哭出來。我寫這封信來，是想謝謝你，但我其實更想問你，一個因為第三者離開的人，會再回來的機率有多高？他會終於想起我的好嗎？」

　　這是臺北宣布進入三級警戒的第二天；這是他在那場他留下的瘟疫裡的第三十天。

　　「就在前幾天見面時我們還如往常般甜蜜，一切發生得毫無

徵兆，他突然跟我說他認識了一個人，雖然他們什麼都還沒有發生，但是他想選擇他，因為他覺得對方更適合他，他們的興趣、想法都很相近，尤其是對方很成熟穩重，更接近他想要的對象的樣子。」Foncel 回憶著當時的景象。

我一抬頭，看見前方電視螢幕上公布了今天的確診人數，覺得觸目驚心。瘟疫最可怕的是未知──你不知道它還會持續多久？不知道它會拿走你人生的哪些部分？最可怕的未知是，自己最後究竟能不能在這場瘟疫裡活下來？

這是一場發生在馬來西亞的男男戀，如果那份愛還活著，再過兩天，就是他們的三週年紀念。

＊　＊　＊

「我不曉得自己過去一個月是如何過的？我只知道事情剛發生的時候，連死的念頭都曾經從心底閃過。後來我開始運動讓自己變得更結實，也開始學做菜、做甜點。是的，我就是開始拚命去成為『他會喜歡的樣子』，那些我從前做得不夠好的；那些他還來不及等我學會，就去找了別人的，我全部都要追趕回來……我一個月瘦了八公斤；每天上傳一個甜點、一道菜到 IG 的限時動態，一共幾十道料理，我發現他都有看，而且都是前幾個來看的人。這一個月來，我沒有打擾過他，連一個 Hi 的訊息都不曾

發出過，可是我的心裡那麼渴望，有沒有可能，將來的我們可以再試一次？」

在我回信之後，這是 Foncel 寫來的第二封信，我喜歡讀他的信，有一種超齡的理性，那不是二十六歲的男生，會有的堅定。

他說這一個月來，在每天睡覺前，他都會給自己復元的程度打分數。

「如果你知道自己其實還在等他，那傷心會好嗎？如果你等待的並不是消極的『未完待續』，更是更積極的『重新開始』，那等到對方回頭的機率會不會就比較高？」不知為何，每當他又使用這種悲傷但又好教養的問句，都會讓我覺得心疼。

在我的要求下，他開始跟我分享他們的故事。

三年前，他們的初次約會是在電影院門口。那天的 Alan 穿著一件粉紅色 T 恤和一條藍色運動棉褲，完美顯露了他健康高眺的身形，他比 Foncel 大五歲，可是他的笑容卻燦爛得像一個大孩子。

「那就看這部電影囉？」Alan 笑著問他，他說好啊！都還來不及反應， Alan 就跑去買票，還帶回來兩杯可樂和一大桶爆

米花。

那天他們「一起」看的電影叫做《侏羅紀世界二》，他更有感覺在一起做的事是兩個人「一起」吃那桶爆米花，Alan 經常把爆米花遞過來給他，每一次，都是一場交流。電影很精采，但 Foncel 的心思卻很難專注在電影上，他在想眼前這個人對他的感覺是什麼？而他自己對 Alan 的感覺又是什麼呢？他很難形容那種感受，但真的前所未有，如果可以他真的很想問 Alan，會不會也跟他有同樣的感受？嗯，就是那種一直「胃癢癢的」感覺。

看完電影，他們似乎都還捨不得回家，兩個人一起走在大街上，沒有人說要離開，感覺像是想在一直出現的話題裡，找到再繼續留下來的理由。當 Foncel 說到自己的興趣是唱 KTV，Alan 突然問他要不要去唱歌？Foncel 說好，下一個場景就是他們在 KTV 裡，又開心地相處了三個小時。

走出 KTV 的時候，都已經快半夜三點了，再長的約會，也有要結束的時候。終於他們揮手道別，沒有人定義這一次，也沒有人提到下一次，就在 Foncel 轉身要離開的那一刻，Alan 把他拉過來，貼著自己結實的胸膛，給他一個用力的吻。

雖然此刻路上沒什麼人了，可是在這個民風保守的地方，他覺得 Alan 很勇敢。他很感激他的勇敢，為了 Alan，他告訴自己

以後一定要更勇敢。

在發信給我那晚，他在睡覺前又給自己打了復元的分數。

那天臺灣公布的確診人數有減緩，部長說整體是往一個更好的方向走。

那晚，Foncel 給自己打的分數是五十七分。

* * *

「從那一晚起，我生命最大的不同是手機裡每天都一定會出現的早安、晚安的問候，三年來從無間斷。我從沒想過，當時的幸福，最後也會成為我此刻早、晚最傷心的提醒……」Foncel 在寫來的第三封信裡說。

Alan 開的店跟住所，都離 Foncel 的家很近，所以他們很常見面。Foncel 帶他認識了所有的朋友，Alan 也都會陪他出席朋友們的聚會。每當大家吃完飯開始聊天或打麻將的時候，Alan 總是會找個客廳的角落或是借客房睡覺。朋友有時候會問：「為什麼你的男朋友出來都在睡覺啊？」「就讓他睡吧，他工作很累！」他總是如此笑著回答。他明白那就是 Alan 的心意，他不

但拚事業，也盡全力陪他，就算抵擋不了疲倦，也要陪在他的身邊。

　　或許那就是所有孩子氣的男人們的特性，他們在生活裡總是充滿逞強。雖然 Alan 年紀比他大，但在 Foncel 眼底，他卻經常衝動得像個孩子。跟他比起來，Foncel 做事就想得比較多，他知道自己有時候很像一個囉嗦的媽媽，總是他在計畫他們的節日行程，也總是他在擔心 Alan 的許多事情，尤其是每次當 Alan 又出去應酬喝酒的時候，他整個晚上不敢睡，直到 Alan 回到家報平安的電話來，他才會關上床邊的檯燈。

　　也許是因為他太細心，所以他很願意體諒 Alan 的粗心。他還記得剛開始交往的第一個七夕，他約 Alan 出來吃韓式火鍋，他沒刻意提今天的節日，他想他應該也沒注意。結果 Alan 吃到一半就跑去上廁所，去了半天才回來，回來後就一直找他麻煩，怪他找的這間餐廳東西不乾淨，害他肚子不舒服。Foncel 一直忍著不發作，但臉色難免越來越難看，他覺得好委屈，終於走到停車場，他一拉開車門就發現裡面好大一束花，「情人節快樂！」Alan 突然笑著對他說。

　　原來 Alan 在吃飯時突然發現今天是七夕，於是趕緊跑出去買花，又故意演了一齣挑釁的戲，要給他驚喜。

Foncel 抱著他說謝謝，這是他這輩子第一次收到花。Alan 的眼睛笑得瞇起來，裡面是全無掩飾的得意，那麼幼稚，卻又那麼可愛。

Alan 最像孩子的地方就是他看起來很勇敢，卻又很容易被弄哭。尤其是每當 Foncel 說兩句不能沒有他的感性話，就會讓他紅了眼眶。那一次他們一起去看電影《比悲傷更悲傷的故事》，Foncel 知道他電影開演沒多久就睡著了，Alan 在黑暗中牽著他的手，Alan 想陪他，那就是他整個晚上唯一想做的事情。看完那部悲劇電影 Foncel 傷心地哭了，一直到走出戲院都還在擦眼淚，完全沒看電影的 Alan 默默地跟著他，一上車聽見電臺播的又剛好是電影的主題曲〈有一種悲傷〉，Foncel 哭得更慘了，突然他聽見車子裡還有另外一個聲音，原來是 Alan 也跟著他哭了。

「你又沒看電影，哭屁喔？」Foncel 問他。
「我看你哭得這麼傷心，忍不住也想哭啊！」Alan 對著他說。

這件事情讓他們後來彼此嘲笑了好久，就像許多深愛的情侶那樣一起回憶著「曾經」，「曾經」在當時不一定都是快樂的，它們也可能是悲傷、憤怒或是爭吵，可是當他們一起回憶的時候，卻都變成甜的，而且是堅定的甜。

但若要回憶起 Alan 最讓他印象深刻的事情，是有一天 Alan 讓他看的那個 IG 帳號。

　　帳號名稱就是他們兩個人的名字再加上第一次見面的日期，半年來帳號裡已經陸續有了幾十篇文章，每一篇都是他們的自拍合照，是他們兩個一起走過的曾經，搭配上 Alan 直白的愛的圖說。那是他們的秘密花園，是他們堅固的愛情城堡，完全不對外開放。

　　「我看到的時候已經感動得不得了，沒想到後來他竟然還把那些照片跟文章沖印出來，做成一本客製化的紀念相簿送給我。」他在信裡回憶著說。

　　「你怎麼敢做這個？你都不怕被照相館的人看到你和男生抱在一起嗎？」Foncel 問他。
　　「怕什麼，我就是想做這個給你啊！」Alan 回答他，絲毫沒有猶豫。

　　那就是 Alan 式的浪漫，不用醞釀前因，更毋須顧慮後果，每一次都像一次爆炸，每一次都可以把 Foncel 炸得粉碎，他從來不曾問 Alan 都在那樣的感動裡停留多久；就好像他也從來沒有說，自己每次都又將那場感動延續了多長。

那束花，他留到都乾掉了還捨不得丟。

那本紀念相冊，連包裝紙他都還寶貝地收藏著。

那個後來停留在第三十一篇發文後，就再也沒有更新過的IG，他現在還是會每天去。

他還是會每天，一個人流淚。

在馬來西亞的疫情越來越嚴重的時候，他沒有跟回憶保持安全距離。

那是他堅持的勇敢。

那是他堅持想等到的，不是「未完待續」，而是「重新開始」。

＊　＊　＊

「我經常在想我們為什麼會分開？身邊的朋友都告訴我，是他不對，因為他愛上了別人。但也許就像他提分手時跟我說的，不要怪那個第三個人的出現，而是要看我們之間的問題。他說過去三年，我有時候的不體諒和不支持他的想法，讓他覺得累。所以我會自責，我的多慮、那些我以為的擔心，會不會對他來說反而是一種阻礙？如果我願意更細心、更支持他的決定，是不是他就不會愛上那個所謂『更懂得他』的人？」Foncel 在第四封來

信裡這麼說。

「Alan 是一個對事業有企圖心的人，雖然他的事業才剛起步，但比起我還在摸索自己適合的工作，他的方向跟心態都明確很多。我們有共識，要各自努力打拚，一起過更好的生活。後來，他店裡的生意真的越來越好，我很替他驕傲，但另外一方面我也會自卑，自己追不上他的腳步，雖然他覺得我已經夠努力了……但最後他還是選擇了那個大他八歲，更成熟穩重的人，也許那個人的成就，更值得他崇拜，更能夠匹配他們彼此。」他繼續訴說著。

「他說他們什麼都還沒有發生，呵，可是他卻相信一個『什麼都還沒有發生』的人，會更適合他。三年來，我是真的懂得他喜歡什麼：他愛吃甜點、愛喝咖啡，想將未來自己買的房子裝潢成無印風——那都是我的計畫，我要學做很多甜點、買臺好的咖啡機學煮咖啡、學園藝，甚至將來去考個潛水執照陪他去潛水……我好多的計畫都是建立在他的計畫之上的，可是他沒有等我，就去找一個現成的了。這段時間我最難受的，並不是失去那些曾經，而是被奪走了那些未來。那些我很想跟他一起實現的未來，已經換成了別人陪他去完成了，而我沒有選擇，我只能拱手相讓。」他的語氣開始傷心起來。

他很敏感，可是他真的沒有感覺到 Alan 的不一樣。他只是

覺得他那陣子很忙，他們已經好幾天沒有一起吃晚餐。

他問 Alan 要不要一起吃飯，他都沒有回覆。然後他開始鬧彆扭，就像他們從前會互開玩笑的那樣，總有人會先道歉，就像所有深愛著的人那樣。

「我們真的要想一想還要不要繼續下去？我累了。」當他看見 Alan 發過來的訊息的時候，一度還以為他開了一個很爛的玩笑。

「為了個晚餐，至於嗎？」Foncel 回覆他，卻再也沒收到他的回應。那個晚上他瘋狂地找他，Alan 卻完全不接電話。他開始寫很長的訊息給他，跟他道歉，就像以往總會有人先低頭，然後就會沒事了那樣。

「你不要這樣好不好?! 我累了，你先睡吧。」Alan 終於在午夜十二點回他訊息。

他沒有睡，他無法睡，他在混亂的思緒裡突然閃過一個想問他的問題：「你是不是愛上別人了？」他想了一下，深呼吸一口氣，然後把它發出去。

Alan 馬上打電話來，他的答案像鞦韆，在「有」跟「沒有」

之間擺盪，Alan 說不清楚，Foncel 更是聽不懂，關於出軌，究竟是「坦白」還是「接受」比較困難？

半夜兩點半，Alan 的車出現在 Foncel 家樓下，他們約好在車上談。

一上車，Foncel 一看見他握在方向盤上的手就全懂了——他手指上的「情侶戒」消失了，那個 Foncel 送給他的對戒，他們說好要一人一個守護著的感情，他連潛水都不會拿下來的戒指，已經被他拿下來了。

「對不起，不是你不好，而是那個人給我的感受真的太強烈了！」Alan 不斷地跟他道歉，Alan 哭了，他也哭了。Alan 一直跟他說他們只是吃過幾次晚飯，並沒有做任何越軌的事情。他應該覺得安慰嗎？可是為什麼他的心還是那麼痛？

「你跟他在一起真的比較快樂嗎？」Foncel 在兩個小時之後終於這麼問。
「嗯。」Alan 的聲音那麼細微，卻還是讓他心碎了。

在下車前他脫下了手上的戒指，對著 Alan 說：「我希望你想清楚了，再回來幫我戴回這枚戒指。」
他的眼神沒有跟 Alan 的眼光接觸，因為他不想看見他的堅

定；他把戒指放在駕駛臺上，他的手不想跟他的手碰觸，因為他害怕在那雙曾經給過他溫暖的手心底，再也感受不到溫度。

從下車到走回社區大門，也只是幾步之遙，他卻要那麼努力才能做到不再回頭。在關上大樓大門的時候，他終於忍不住蹲下來大哭。他沒有絕望，就是又傷心又不肯絕望，心才會這麼痛；他不想絕望，他不相信一份三年的感情，會輸給一個什麼都還沒有開始的關係。

他沒有想到，這會是他們直到現在，最後一次見面。

在瘟疫橫行的年代，人們沒有想到的事情總是還有很多。

他最沒有想到的，是他後來會在這場瘟疫裡，失去他最親愛的父親。

＊　＊　＊

Foncel 在那場愛的瘟疫的第四十五天，把自己打好第一劑疫苗的照片發到限時動態。Alan 依然是前幾個觀眾，不同的是這次他按了讚，這是分手後他第一次按讚。

第二天他突然收到 Uber 送來的東西，是他最愛吃的榴槤，

問了外送員是誰送的？外送員只肯透露是 A 開頭的名字，他馬上想到是 Alan。第二天 Alan 問候身體後續狀況的訊息來了，他禮貌地回答，對話很快就結束了。但好像就變成一種新的模式，Alan 會隨著他的動態消息，請 Uber 送東西給他。

爸爸跟哥哥突然新冠肺炎確診的事情，他沒說，卻是他們共同的朋友告訴 Alan 的。Alan 馬上又讓人送了溫度計跟血氧機給他。

「謝謝你的好意，但我真的覺得你可以不用做這些。」他傳訊息給 Alan，他是真心這麼想的，他現在已經有了別人，還持續對他這樣，其實並不適合。

「沒事啊！我希望可以幫你分擔，我們還是朋友啊！」Alan 回他。

Foncel 沒有再說什麼，也許再多說，就會洩漏了他的心意。至今，他仍無法跟 Alan 只是朋友而已，他可以繼續一個人等，他可以一輩子都等不到，但他真的無法跟他就只是朋友而已。

「如果你給我的，跟給別人的是一樣的，那我就不要了。」——他突然想起這個電影裡的對白。為了 Alan 他吃了一個多月的安眠藥才能入睡，他不是自虐，也沒有後悔，他是心甘情願的，

因為他知道他曾經給過他，全世界只有他有的東西。

他曾經是 Alan 最重要的人，他知道。

接下來的兩個月他都忙著家裡的事情，被發現確診的爸爸和哥哥，馬上就被緊急送進醫院。

爸爸因為有糖尿病，狀況起伏比較劇烈，前一天才剛跟他們視訊過的爸爸，第二天醫院就緊急通知狀況急速惡化，他們趕到醫院，通過層層關卡，最後的到達，也只能在隔壁的房間。他們隔著玻璃窗拚命喊著爸爸的名字，要爸爸不要擔心他們，好好地走；還被隔離在別的病房裡的哥哥，只能透過手機的小螢幕跟爸爸視訊說再見。那是最近在那幢大樓裡，經常上演的人生悲劇，這不是我們以前想像過的場景，一切如此不真實，只有他們淒厲的哭聲，伴隨著那些不斷叮嚀著心愛的人要安心走的言語，還可以證明，這是真實的人間，而不是地獄。

爸爸走的時候，才六十五歲而已。

安靜本來就是他的強項，他在接下來的日子傾盡全力撐住自己，他起碼要看起來很穩，因為他還有媽媽要照顧。他很苦，他不能表現出來，在這場瘟疫裡，他真的失去太多。

他可以撐在現在，那是他終於好似做到的。可是他無法再得而復失，他已經沒有力量可以再承受任何失去了。

Alan 一直打電話來，曾經是他最期待的來電顯示名稱，盼了四個半月終於是他了，他卻沒有勇氣接。

他不敢挑戰自己。他怕自己撐不住，會不會又開始求他回來？他更害怕的是，會不會在他給的那些其實也只是朋友的關懷裡，錯覺 Alan 也還眷戀著曾經？

這兩種結果，他都不要，因為最後都還是他一個人在吃苦。他是別人的了，他在發這些訊息的時候，應該那個人也在他身邊。他應該謝謝那個人的寬宏大量嗎？那就是他的成熟，對不對？他承認自己真的是幼稚的，因為他連想像那個畫面都覺得心痛。

「用訊息吧！我現在不方便說話。」終於他回了 Alan 訊息。

「加油！」「辛苦了！」他看著 Alan 陸續發來的那些訊息，他感謝他，但為什麼除了感謝，他的情緒還那麼複雜，他真的懂得他的辛苦嗎？他知道他的辛苦裡，也包含著他嗎？

就好像那個在分手時跟他說「好累」的人，真的知道什麼叫做「累」嗎？

這幾個月來，曾經在半夜發千字簡訊文懇求的人是他，每天偷哭的人是他，夜不成眠的人是他，最後輸掉一切的人也是他；而他連一天的休息都沒有，他一直有人愛、有人疼，他到底在累什麼?!

「你可不可以不要再關心我了！」終於他發了這樣的訊息給Alan。
「好吧，我了解了！」Alan回覆他。

隨著夜越來越深，他的罪惡感也越來越重；還是夜，也會讓我們在白日的武裝越來越弱呢？

「對不起，我剛才好像有點太過分了。因為我真的很難面對最近發生的一切，從你離開，到政府發布行動管制令，再到爸爸突然離開……我以為你的離開會讓我學會堅強，但我覺得自己被徹底擊敗了！」他在半夜三點發了這封他真正的心情，他真正想對他說的話。

「我最近換回 iPhone 了，沒想到 iCloud 自動下載了從前的照片備份，都是我和你的回憶，才發現原來我也沒捨得過你。」那則 Alan 發出來，又急著收回的訊息，他以為他還沒讀，其實 Foncel 還是看見了。

那天天快亮的時候，他給自己打了三十分。

因為那夜，他們後來又聊了很多，而且日後那變成一種習慣，Alan 開始會跟他訊息，從早上七點鐘的早安開始，分享心情，然後直到晚上七點，準時噤聲。

他感覺自己在進步，可是又好似在退步。他覺得自己正陷入一種僵局，不論是好起來，或是再找回這份感情，都跟這場瘟疫一樣，永遠都不會有盡頭。

＊　＊　＊

「角子，最近疫情趨緩了，我開始跟朋友見面，今天我跟我們共同的一個老朋友吃飯，發現了幾件事情。」我讀著 Foncel 最新的來信。

即便都已經分手快五個月了，他承認那個事實還是讓人非常震撼。

「Alan 在跟我提分手時，說他們『什麼都還沒有開始』並不是事實，因為他找過那個朋友，想問他的意見。在跟我提分手之前，他們就已經開始約會，而且還發生了關係。」

是的，那不是一場理性的分手，那其實是一場出軌在先。

那不只是一場欺騙，而是兩場欺騙，Alan 跟那個人，當時都各有各的伴侶，他們是各自出軌，最後又離開了各自的伴侶，才終於走在一起的。

也許，有人會覺得那也算是有情人終成眷屬，他們終於遇見了適合自己的人。

事實是，在交往的四個月後，也就是前陣子的事情而已，那個 Alan 口中「穩定成熟」的傢伙，偷吃了，而且被 Alan 發現。

Alan 跟他提出分手，但最後因為對方的苦苦哀求，還是原諒他。

Foncel 聽著朋友的訴說，假裝在聽一個故事那樣平靜地聽著，朋友以為他們的感情已經過去了，全世界也只有他自己知道他還在那個故事裡。

原來 Alan 到底還是欺騙了他，在他們交往的三年裡，他對 Alan 那麼坦白而透明，他連一個不該給的眼神、不該有的企圖，都不曾對別人發出過。

他也曾求過 Alan，可是他還是離開；那個人是說了什麼咒語，竟然可以讓他留下來。

　　他這麼堅持，從一開始直到現在，但這樣的堅持，竟然最後還是輸給了一個才在一起四個月就偷吃的人。

　　「角子哥，從他離開，到面對爸爸的不幸去世，我一直問自己，要怎麼在經歷了這些後，還可以不要怨？還可以做到善良？其實人要變渣，真的不難啊⋯⋯」就在這一刻我彷彿看見他紅了眼眶。

　　Alan 還在跟他聯繫、跟他分享心情，從早上到晚上七點，他知道為什麼他總是在晚上噤聲，因為他要陪那個人，那才是他此刻的家。那是 Alan 的善良，還是他的貪心？是他想陪伴此刻的 Foncel，還是想替自己留的一條後路？

　　「我突然覺得，自己好像真的應該放手了。我一直期盼的『重新開始』，而不是『未完待續』，就算我們真的能夠再重新開始，我愛的還是當時的那個他嗎？我還能夠像以往那樣信任他嗎？我們還能夠長久，還是最後只是又重蹈覆轍而已？」他在信裡問我。

　　其實，道理他都明白了，他只是需要一份去真正執行的勇氣而已。

這是一封封我從來都毋須解答的來信，我只需陪伴，只需見證，一個始終堅持善良的人的勇敢走過。

是的，善良很難，尤其是在被傷害的時候。可是也只有善良，才能讓我們在這一路，專心地傾聽自己；只有善良，才能讓我們在黑暗裡，依然有一盞為自己點亮的光；只有善良，才會讓我們在後來的歲月裡，沒有走岔，終於看見時間為我們降下的真相。

對我們傷害最大的，經常不是事件本身，而是因為那件事情，讓我們後來又衍生的想法。

是的，要變渣並不難，可是變渣最大的傷害是自己，是我們從此與惡同行，走進另一個世界，更重要的是在那個世界裡，不會有真愛和幸福。

渣很容易，所以善良才珍貴。所以我們才更要保護好自己的善良，不只照亮自己，也才能讓另外一個善良的人看見，你在這裡。

這世上的復合，都不是「未完待續」，因為那份感情最珍貴的珍惜，已經在當時對方捨得離去時，就已經徹底毀滅。

這世上的復合，也很難是「重新開始」，因為在那場分開後

的走出來裡，你會看清更多真相，會認識更多的自己，就算再開始，他也不是當時的他，而你也不再是當時那個蒙昧的你。

所以，這世上的復合才會大多數都無法成立，都只是再次證明，你們的不適合而已。

「角子，五個月了，我想把最後的勇氣，留給自己。我會把他還給記憶，把自己還給自己。我還是會努力不把他想成壞的樣子，因為他曾經在我心中就是好人和陽光，我不想抹滅掉那些他對我好的記憶。」他在信的最後這麼說。

我懂，這就是他一路的善良。而且我知道，他一定會一直堅持善良下去。

也許，這個世界上從來都不存在著復元好的一百分，那些我們以為還沒有好的，其實是最珍貴的「學會」，讓我們從此好好帶著，當作此後跟幸福相認的印記。

歷史上的每一場瘟疫，都終會結束；而我知道他最後一定會走出來的。

每一場瘟疫，都是一場災難，但最後也都終將成為一場人類的進化，我們會得到新的抗體，會越變越強；這場瘟疫還沒結束，

可是我先目睹了他的進化。我知道他後來一定會看見更美的世界，遇見更好的人。

　　那就是所有在傷心的逆旅裡勇敢前進的人，最後都一定會完成的進化；那就是上天最後一定會在時光的見證下，賜給每一個堅持誠懇善良的人，最好的答案。

照片提供｜L.Y.H

別期待一個忍心傷你的人，
會給你真的安慰

分手後，你們開始了各自的生活。你不知道他會不會？可是你會，你還是會在那些如常的作息裡，突然想起他，想起他現在應該在做什麼、想起這是他會喜歡的款式和口味、想起他偶爾會不會也像你這樣想念著他？

是的，你們已經各自展開了新的生活，各自有不同的發生，你們最大的不同是他已經開始走向未來，可是你卻把自己囚禁在過去。他的生活已經處處充滿了新的印記，可是你的現在卻還是跟過去糾結在一起。

還愛著的人的「現在」，一定比較苦，所以我們才會一不小心就又回到「過去」。「過去」比較美，因為那經常是我們選擇過的，我們總是選擇駐足在過去最美好的那部分。你懷念當時對你很好的那個他，你真的好希望那個他可以再回來拯救你，你那麼專注在那個念頭和畫面裡，一不小心就模糊了那份感情後來更

常態的爭吵、傷心和疏離，一不小心就忘記你們無法跨過的那些問題……

　　一不小心就忘記了，你渴望解救你的、跟狠狠傷害你的，其實是同一個「他」。

　　他離開的理由可以有很多，但唯一的事實是他最後還是決定傷害你了。單方要求的「分手」並不是單純的分開，還代表了「放棄」跟對過往的「否定」。你可以尊重他的決定，但是你不必尊重他的無情。當他否定你的時候，其實也正意味著你應該要否定他。一個不覺得你足以成為他的對象的人，也正意味著他也不夠格成為你的伴侶。

　　你真正要找的是那個會「珍惜」這份愛的人，珍惜不是隨意丟掉了，然後再撿回來；珍惜是連一秒鐘都不會想放棄，因為他一定會害怕傷到對方的心，會害怕那個他隨興丟掉的東西，會不會再也找不回來？！

　　他沒有捨不得，更不擔心他離開以後你要怎麼重新生活。他狠狠地傷害了你，他可以不明白你的傷痛，但是你自己一定要清楚。當我們冷靜回想，最後對方離開的表情和姿態，就會明白，期待一個忍心傷害你的人再回來，會發生的經常不是一場終於的雨過天青，而是那一場惡夢的繼續加長。

就算他真的再回來，那你需要他給的也絕對不是安慰。不是光用嘴巴說說就可以，因為那樣還是無法解決真正的問題。如果他真的希望「復合」，那請他用行動表現出他的誠意和決心。因為決定要不要「復合」的標準，並不是誰要原諒誰，而是你們從前跨不過的那些問題，後來解決了沒有？

　　只可惜，期待對方回頭經常都只是一個不存在於「現在」的想望，因為他的現在早就與你無關。就算我們真的盼到了對方用通訊軟體的簡單問候，也不會是真的回頭。那經常只是出於對方短暫的無聊或寂寞，連回頭的姿勢都用不上，只需要最簡單的信手拈來就可以。

　　你可以繼續傷心，也許還需要一些時間才會走出來，但是只要往對的方向走，傷心就一定會有盡頭。

　　你可以繼續期待，期待那個真正懂得珍惜你的人，最後一定會出現；而不是期待那個忍心傷害你的人回來，再次毀掉你的人生。

你們之間的問題並不是「誤會」，
而是「不在乎」

親愛的，不用再找他解釋了。
你們之間的問題並不是「誤會」，
而是「不在乎」。
你可以解釋你的苦衷，
但是你一樣無法勉強他在乎你。

他不是意氣用事，
也不是才剛離開，
他已經不在這份感情裡很久了。
一個不想跟你說清楚的人，
除了無情，更大的原因是因為無心。
你不必說清楚，才能離開。
因為他早就已經不在這裡了。

我們無法期待別人好好結束，
可是我們可以讓自己好好開始。
你唯一要說清楚的人，是自己。
告訴自己，他絕對不是你的幸福。
答應自己，你一定會帶自己，去找真的幸福。

當愛不存在，
承諾就不存在

「角子，我真的不相信他會這麼無情，他不是這樣的人，他真的對我很好，曾經對我說過……」我看著這封傷心的讀者來信，那不只是他的疑惑，也可能是我們當時的不明白。當他決定離開時，我們想問的這一句：「那你說過、做過的那些，算什麼？」

你也許真的當面問過他；也許放在心底成為永遠的疑惑。不管他是否回答過你，都一定不是一個好的回答，因為那還是無法消除我們心底的疑惑，那注定是一個他終生都會欠你的答案。

你甚至會希望他是故意欺騙你的感情，於是你可以心死、認栽，然後盡快努力地再爬起來。最辛苦的狀況，就是你不相信他是說謊的，那些他過去曾經深情看你的眼神、對你的細心和溫柔，你真的不相信這世界會有這麼真誠的騙子。

所以，你才會認為他可能只是意氣用事而已。所以，你才會

還留在這裡，你在等他想起來，想起你們曾經走過的一切，那些他曾經深深感動過你的，你相信一定是出自於一顆想愛的心。

於是那也成為了你後來的百思不解：一個曾經對你這麼好的人，怎麼可能到後來會這麼殘忍?! 一個曾經那麼愛你的人，怎麼可能到後來，會這般無情?!

那就是我們後來很辛苦的一段時光：我們反覆檢查著承諾的真偽，然後寬慰自己愛應該還在；我們苦守著承諾，把自己困在原地，因為覺得對方還是有可能會回來。

最後的結論經常是，他沒有回來，不僅如此，你還覺得他毀棄了那些諾言，是個可惡的人。於是有些人選擇繼續等；也有些人，從此選擇了恨。這兩種結果，都是我們將自己的苦難的再延長。

又或者，有沒有第三種可能是，讓我們回到愛的本身。你們曾經是有愛的，可是那份愛到後來消失了。愛會消失的原因有許多，可能是因為不適合、認錯人，甚至也可能因為對方只是一時寂寞……不管原因是什麼，結果都是一樣的，那就是不愛了。

不愛了，不一定是錯的。如果沒有婚姻，兩個人在交往後，承認對對方沒有愛了，是一種誠實，而不是欺騙。如果把時間點

移到現在，在此刻更了解對方的狀態下，應該也不會再說出當時那些動人的言語跟做出那些感人的事情，對不對?!

愛是直線前進的，在當時的氣氛下、在當時的感受裡，一定會有當時的情感表達；也可能是感受敏銳的我們，又更豐富詮釋了對方那些行為的意義。你們都沒有錯，對愛的表達跟詮釋，本來就是愛最讓人快樂的「感性面」。

只是，我們後來又看見了愛的「理性面」，當然你也可以說那就是愛的現實。當愛在，承諾就在；不愛了，承諾就不存在。並不是因為擁有那些承諾，於是愛就會一直存在；當愛消失，再美好的承諾，也都沒有意義。

是的，你可以覺得他很無情，因為那是你做不到的殘忍。可是並不會因為你做不到那些殘忍，就代表對方做不出那些無情。

那並非特例，那是我們在每一場愛的結束後都會看見的，承諾本來就會隨著愛一起消失。我們與其覺得那是愛的殘忍，倒不如認清那就是愛最自然的生態：

當愛不存在，承諾就不存在。

最讓你遺憾的，並不是分開。
而是他連分開，都可以這麼沒有肩膀

你要的是純粹的愛情。
喜歡就喜歡；傷心，就全力去傷心。

你沒有辜負這場感情。
你對它最好的對待，
就是用最誠摯的心意看待，
沒有中間地帶。
愛就是愛；分開就是分開。

你會努力聽懂他的意思。
所謂退回朋友的「退」，就是「分開」的表示。
之後還是朋友的「朋友」，就是「陌生人」的意思。

最讓你遺憾的，並不是分開，
而是他連離開，都可以這麼沒有肩膀。

你傻過了，你不會再傻第二次。
你不會再為他留在中間地帶。

從此與他無關，這是你對自己的安排。
你接受失去，你會盡全力傷心。
等你看清楚了他的懦弱和虛假，
你就會為自己勇敢起來。
等你完成了自己想對那份感情的交代，
你就一定會再走向更好的將來。

好在，
是他自己滾出了你的人生

他都已經走遠，可是你還在分手後的傷心裡。

比起那些在愛裡的戀人們，你不算「任性」，你一直告訴自己要懂得包容和體諒；你更不算「貪心」，你為那份愛的付出，相對於他曾經給過你的，你沒有虧欠他，你真的問心無愧。

你唯一的「任性」，是你的堅持，是你總是在決定要離開的最後一刻，又找到了繼續留下來的理由；你最大的「貪心」，是即便他都已經開始了新的生活，可是你還在期望，會不會他也會像你一樣，最後又找到一個可以回頭的理由？

你在那場等待裡想了很多，你用此刻「一個人」的寂寞去回想過去「兩個人」的畫面，很容易就都是美好的。那是你們一起走過的路、在那條路上的笑聲還有快樂，總有幾個你會在腦海裡一直回放的畫面和對白，你一次又一次地播放、又定格，每看一

次都讓你又更確定：他是愛過你的，也許他只是想暫時休息而已。

　　你忘記回想的，是你們在那些快樂的後來，出現的爭吵和傷害。你開始委曲求全地示好，你以為那樣就會變好但是並沒有，直到你發現他再也不在乎你的情緒和眼淚，這也許是一個殘忍但卻更接近事實的形容──儘管你不斷回想著那份愛的快樂，但是你此刻的孤單，卻其實更接近那份愛最後的寂寞。

　　你承認自己很難離開他，他注定是你的天敵，就算你已經說服好自己，也抵擋不了他的一個突然示好的眼神；就算你羅列了所有他的缺點的證據，也對抗不了他的一個孩子氣的笑容。而你明明是又盡力延續了那份愛，可是為什麼每一次的延續成功，都會讓你更覺得自己的失敗？為什麼你在那一次又一次的延續裡，延長的從來都不是兩個人的溫暖，而是你一個人更深的孤單？！

　　他反覆無常的熱情和冷漠、總是隨興給你的溫柔或殘忍，那就是他對你的「有恃無恐」，他太了解你的重感情和捨不得，他沒有因此而更珍惜，反而對你更予取予求。面對他，你只能給，你不是給出了青春和眼淚而已，你一直在廉價出清的是自己最珍貴的自信和人生。

　　親愛的，後來你在那份感情裡努力的，並不是讓那份愛更好，你只是一直在努力留下來而已；你在那份感情裡體會得越來越深

刻的，並不是幸福，而是永遠還有比孤單，更深邃的孤單。

　　你試過了，那些你辦不到的絕情、做不到的離開，你終於明白那對他來說竟如此輕易。也許，「離開」是他在這份感情裡，終於唯一為你做過最好的事；也許，你一直遺憾的事與願違，其實是上天終於忍不住出手為你降下的好運。

　　好在，最後是他放過你，你才只是孤單一時，而免去後來的孤單一世。好在，是他自己滾出了你的人生，你後來才又有了那些真的幸福的可能。

　　這不是一個好過的季節，你還在努力往前走，你還會想念，偶爾還是會掉眼淚，可是你已經明白這並不是一個悲劇的開始，而是那場悲劇的即將結束。　你曾經以為失去他是快樂的結束，其實那才是你人生喜劇的正要開始。

其實並不可惜，
因為你想去的地方，他並不會帶你去

當你必須很努力去討好，
才能得到一點點回饋的時候。
當在一份感情裡，連要一點點回應，
都那麼讓人不堪的時候。

盡力了，於是你也該告訴自己該走了。
再留下來，不是他對不起你，
而是連自己都對不起自己了。

愛會對你造成最大的傷，並不是發現對方是錯的人，
而是在明知故犯之後，還繼續賠上你的尊嚴和自信。

錯的路，只是到不了對的地方。
錯的人，不只讓你傷心，還會錯亂你的價值觀。

其實並不可惜，
因為你想去的地方，他並不會帶你去。
於是你也應該出發，離開這個絕對不可能的地方，
才會有真的可能。

story 2.

他 的 皇 后

「Hi！」突然有人在手遊的「友邦」聊天室裡跟蕾蕾打招呼。

「你好！」蕾蕾回覆他。

「妳本來不是在 C 盟嗎？怎麼會退出了？」那個人繼續說。

　　她看了一下對方的名字，嚇了一跳，是 Jun！這個男生在這個遊戲裡很紅，而且很少發言的。

　　「我覺得這個遊戲太火爆了，不是只想退盟，而是想退出這個遊戲了。」蕾蕾回答他。

　　「哈！原來是這樣啊！那妳要不要考慮到我的 A 盟裡來，別怕，我會保護妳。」Jun 說。

　　Jun 並沒有誇大，他的確是這個遊戲裡的好手，他是真的可以保護她。

如果你看到這裡，跟我一開始一樣對手遊世界的專有名詞感到困惑，那讓我用真實世界的比喻說給你聽：「盟」是手機遊戲裡面自組的小團體；「世頻」是公眾發言區，發言大家都看得到；「友邦」就是彼此必須先同意結為友邦，之後就可以一對一在友邦聊天室裡進行聊天。

蕾蕾說她跟 Jun 的初次對話就是這樣開始的。他們一個在馬來西亞，一個在香港，這也是蕾蕾當時加入這個手機遊戲的原因，可以在這裡認識許多不同地方的人，跨越國界，分享生活經驗，她覺得很有趣。

幾天前當蕾蕾收到 Jun 對她發出結為「友邦」的邀請的時候，她並沒有多想；又或者，多想也沒有用，她是真的想退遊了，她退遊的原因是因為她不喜歡「校場」上的活動，哈，再多補充一個單字，「校場」就是搏鬥場，你不一定要去，但你如果去就可以幫「盟」多得分，她在之前的 C 盟裡就被要求要去，她不喜歡在校場上跟別盟的人殺得頭破血流的感覺。

她其實以前就去點開過 Jun 的檔案，他看起來酷酷的，遊戲積分很高，很多女生在私下討論過他。他的發言紀錄不多，應該是一個話不多的男生，所以他的邀請很特別。

所以蕾蕾接受他的邀請去了 A 盟。

但同樣的困擾其實並沒有消失，A盟裡的許多前輩還是會要求大家去打「校場」，當被痛打的人在「世頻」訴說委屈的時候，也很少會收到鼓勵，甚至還會被公開地冷嘲熱諷。但是跟從前的情況截然不同的是，Jun會安慰鼓勵她。

他會告訴她一些技巧，強化她的心理素質，一些她原本就懂得的雞湯語，透過他說出來就是不一樣，在他的調教下，蕾蕾的功夫也越來越好了。

他們從在「友邦」聊天開始，到後來交換了LINE。他們在虛擬的世界裡交換遊戲資訊，也開始交換真實世界的心情。

「妳讓我想起我媽媽。」Jun突然有一天晚上對她這麼說。
「為什麼？」蕾蕾問。
「因為妳給我像媽媽那種溫暖、疼我的感覺。」他說。

然後Jun告訴她，媽媽在他很小的時候就因病過世了，可是他還記得媽媽的臉，記得媽媽很疼他的樣子，每當他覺得寂寞的時候，只要想起媽媽，就會有溫暖的感覺──當這些句子在LINE裡出現的時候，蕾蕾讀著，也有一種溫暖的感覺。如果可以，她願意一直給他這種溫暖的感覺。

有了Jun的陪伴的遊戲世界更像是一種生活，這是一個以

皇宮內苑為故事背景的遊戲，Jun 的角色就是萬歲爺，他有那個實力，盟裡面很多人都很欣賞他。他從來不會詆毀他人，以實力跟說理服人，蕾蕾唯一看見他在盟裡對大家發脾氣，是因為有一次蕾蕾因為太少去校場，被前輩責怪，她一賭氣，就離盟出走。Jun 在盟裡大發雷霆，警告那些前輩，以後不准再那樣為難蕾蕾。

於是，盟裡就開始傳說蕾蕾是 Jun 的女人，她是萬歲爺的皇后。

Jun 的確很寵她，每當遊戲在派送紅包的時候，他都會讓她先拿。只要有新的道具或形象圖出來，Jun 就會買給她。最讓她感動的是海戰的時候，蕾蕾不喜歡耗兵，Jun 就會站在她前面幫她先打掉第一批衝鋒隊，他自己很少受傷，他後來每次被打得頭破血流都是為了她。

可是蕾蕾也沒有辜負他，她也回贈他許多禮物。她對 Jun 最大的回報是時間，她後來幾乎把閒暇的時間都花在這裡，為了衝排行榜、衝積分，他們一起又在遊戲裡開了許多其他的小號，用那些小號壯大自己的規格，他們都戲稱那些小號是他們的孩子。

是的，那就是 Jun 和蕾蕾的家，他們一個在香港、一個在馬來西亞，可是他們有一個溫暖而且生死與共的家，網路世界的感情本來就是光速的，快速到來不及使用邏輯，來不及去歸類因為

和所以，然而那不也正是青春的特質嗎？年輕時的愛，也只要一個畫面就可以深深吸引、深深相信，不需要因為和所以。

你也可以說那就是蕾蕾的固執，後來的 A 盟裡出了一些內鬥，原本與蕾蕾無關，那些人聯手想把一個人趕出盟，那個人是蕾蕾的朋友，蕾蕾實在看不慣大家的跋扈，也對這裡的人心灰意冷，於是她想轉去 D 盟，她有朋友在那裡，她很確定那裡沒有這些問題。

「我想轉去 D 盟。」蕾蕾跟 Jun 說，她想他們還是會在同一個遊戲裡。又或者，是想測試他的心意？他們已經這樣快一年了，他們連面都沒有見過，他們究竟算什麼呢？而當她開始這麼想的時候，她便再也無法阻止自己。

「那我跟妳去 D 盟。」他的訊息馬上傳過來。
「可是你去那裡所有的積分跟排名都要重來耶！」蕾蕾詫異地說，她以為他最多是挽留她，沒想到他竟然會跟她一起走。
「沒關係，有實力再慢慢打回來就好了！妳才是最重要的。妳在這裡也已經不開心很久了，那我們就一起走吧！」他毫不猶豫地打出這些話。都是這樣的，我們總是因為得到了一個訊息，就又決定繼續往前走了。那個訊息，成為那份感情很重要的地標，它的意義和指向不一定是對的，但是我們永遠不會忘記，而且即便在多年後，還是會想起，還是覺得甜蜜大過於辛酸。

彷彿進入了那場手遊的下一個階段，他們一起去了 D 盟，他們的結合更緊密了！為了擠出更好的成績，他們成立了更多的小號，為新的家投入了更多的時間。「他們」開始成為一體，他們就是自己的盟跟世界。

　　他們才剛離開，A 盟的人就開始找蕾蕾的麻煩，因為她竟然帶走了他們最有戰力的 Jun。他們用各種方式攻擊她，說她是禍國殃民的「妲己」，為此她還特地去 Google 什麼是「妲己」？他們不只說她是狐狸精，還在「校場」上連番打她，他們就那樣攻擊她將近一年。原本很討厭打架的蕾蕾，不知為何後來面對這些戰爭她都無所畏懼，她奮力反擊，而且越打越強大，是這份愛讓她更勇敢了嗎？還是她知道自己只有更勇敢，才能真的擁有這份愛？

　　也許，還要感謝這些風雨跟險阻，成就了他們並肩的一起走過。她感謝他，願意為她放棄在 A 盟的地位和成績，她最感謝他的，是他一路陪在她身邊，一起對抗那些 A 盟對她的羞辱和攻擊。

　　「我們算什麼呢？」她問過 Jun，假裝在開玩笑，每一次她又開玩笑的時候，心裡都渴望得到真的答案。
　　「妳是我很重要的人，我每天下班就只想快點上來找妳。」這是 Jun 給她的答案。

這樣夠嗎？又或者，要如何才夠呢？

那天有人在「世頻」公開跟 Jun 說要介紹女生給他認識，他馬上回絕說：「我已經有皇后了。」

蕾蕾看著螢幕，沒有人看見她的表情，一如她也看不見那裡面的任何一張臉，可是在那麼多人的見證下，她知道這份感情，應該是真的。

也就是在那個晚上，她看見 Jun 為自己的 LINE 換了一張新的背景圖，上面是國王和皇后，他說上面的男生是他，女生是她。他沒說的，是他在 LINE 的狀態上新寫的字：但願人長久。

很土，但很實用，她覺得很甜蜜。

他們認識兩年多了，她喜歡這個跟他一起擁有的遊戲，但她更渴望走進他的真實生活。那是他曾經給過她的幻想，給過她的蛛絲馬跡。她最喜歡的一個 Pandora 的手鍊，是他去德國出差，連同一張卡片一起寄給她的。那個手鍊是一種聯繫，是不管在虛擬還是現實，他們都有的聯繫；更是一種證據，是他們從虛擬走到現實，最真實的證據。

就在她覺得他們的愛快從遊戲變成真實的時候，COVID-19

的疫情開始蔓延，各個國家開始封閉邊境，也封鎖了他們真的見上一面的可能。

在真實世界被阻隔的他們，在虛擬世界的距離卻越來越靠近。她投入他們的帳號的時間越來越多，從一開始的閒暇時光，到後來甚至犧牲了原本應該念書跟睡覺的時間。

相反地，那陣子 Jun 投入遊戲的時間卻變少了，因為香港的政局動盪，他們決定全家移民去英國。他必須花許多時間去準備移民的事，所以他把那些帳號都託付給她。於是蕾蕾每天下課回家就趕緊登入遊戲，時間到了就開始用不同帳號衝排名，經常把那個家的每一件事情做好的時候，都已經是半夜了！

最驚險的一次是她正開著車，但因為急著處理遊戲的問題，於是低頭看了一下手機，就在那一秒，前方的路突然出現了一個急彎，她緊急轉動方向盤，用力過猛，竟然把車衝進了對向的車道，好在當時的來車還有足夠的距離緊急煞車！她嚇出一身冷汗，突然發現在虛擬世界裡死千百次都可以復活，可是在真實世界裡只要死一次就是永遠的結束。

那陣子，因為睡眠不足，她的精神狀況一直很差，成績也開始退步，現在正是她最重要的時刻，再不到一年，她就要出社會工作了。

她不是不願意為他們而努力，只是，他有嗎？他想過他們的以後嗎？他就要去英國了，將來他們就離得更遠了，他覺得沒有關係嗎？為什麼他要去英國，都不用問她呢？可是，他又為什麼要問她呢?!

　　在那些她一個人守在遊戲裡的夜晚，她有時候會等得到他，有時候不會。她有時候覺得充滿希望，有時候又覺得絕望。

　　那一年除夕，原本兩個人說好了，各自好好吃團圓飯，不要參加晚上的排名賽。他突然在前一天跟她說，還是很想爭取這次的成績，但是他晚上十點的時候應該在當司機，送來圍爐的家人回去，所以可不可以請她幫忙去衝榜。

　　除夕夜晚上，蕾蕾在飯桌上放了兩臺手機，時不時就看一下螢幕，幫他顧榜。她是自己討罵挨，原本就很不喜歡她玩遊戲的爸媽，一直在注意她。終於到了最關鍵的九點四十五分到十點的時段，她一秒鐘都離不開手機，必須一直盯著兩部手機來應對，已經吃完飯的家人，各自分工在收拾餐桌，只有她還在玩遊戲，就在那個時候爸爸整個脾氣爆發，把她罵了一頓。她有苦說不出，她沒那麼不懂事，那是他的託付，是責任感！她從開始幫忙準備年夜飯，到坐下來涮火鍋，甚至是最後被罵的時候，都還要抵擋那些時不時出現的突擊，她是女戰士，卻其實更像個心力交瘁的瘋婆子，沒有人知道她的世界裡的兵荒馬亂……就在她被罵的時

候，Jun 的訊息傳來了。

「今天晚上的甜點，好好吃！」他說，配上一張甜點的照片。

她不知道他是不在乎還是忘記，他明明說他這個時間要當司機送家人回家的。 事實是當她焦頭爛額在幫他衝榜的時候，他正在輕鬆享受他的團圓飯。

她真的沒有很喜歡那個遊戲，因為殺戮，因為一直重複，她在，是因為他也一直在。如果他現在的重心已經不在這裡，那是不是她也應該走開？

他要去英國了，從此他們不只距離，還會有八個小時的時差，真的是兩個世界了。

「去英國，遊戲還是可以繼續。就算我的時間無法配合，也還有妳在啊！」她想起前陣子 Jun 對她的回答。

過完年，蕾蕾又跟 Jun 提了要退出遊戲的事情，終於 Jun 答應了。

「好吧！我們就一起退出，先休息一陣子，接下來就用 LINE 保持聯絡囉！」Jun 說。

後來，她真的發過幾次 LINE 給他，只是他都是幾天後才會回，回了也都說在忙著移民的事情，到後來，甚至就不回了。

　　她想起他們從前在「友邦」的聊天室裡說過的話，裡面有很多的直白，那是她留下來的理由；裡面也有很多的曖昧，她把它們帶回真實的世界裡慢慢思考⋯⋯這一路，她花了好多時間說服自己，那不是一場網戀，他們一起經歷過的事情那麼多，是啊！他們的確是一起走過那些刀光劍影、光榮戰役，可是回到這個世界，他們竟然沒有見過面、沒有講過電話，Jun 甚至連一通語音訊息都沒有給她發過，更陌生過一個問路的路人。

　　所以，他才可以做到比一個路人更絕情地離開；所以，他才連一個路人轉身的剪影都不必留下，就可以閃退消失。

　　蕾蕾之前說過，要幫他親手做刺繡的平安符，她做好了，她想寄給他，讓他帶去英國，那是她最後要為那份感情做的事情。

　　結果她 DHL 到香港的包裹地址被通知「查無此人」，她試著打他的電話跟發信給他，也都無人回覆。

　　她開始找 Jun 的臉書帳號，最後卻是在 IG 找到他的帳號，她在那個帳號裡發現他還有一個小帳，是專門分享他蒐集的模型，她點進去看了，而且發現裡面有個女生總是會在每篇貼文留

言給他。蕾蕾就像打開深宮裡一個又一個的密室那樣，她到了那個女生的 IG，發現他們兩個用的背景圖像竟然是一樣的，終於她打開了最後一道門──那是他們兩個共有的一個 IG 帳號，裡面已經有一百多則貼文，每一則貼文都是他們甜蜜的畫面，看起來他們已經在一起很長的一段時間，Jun 一直跟蕾蕾說他是單身……

原來「她」才是他真正的皇后。

而她只是他在那個遊戲裡的婢女而已。

直到現在蕾蕾都還是覺得像一場夢，只有夢才會那麼美，也只有夢，才可以結束得這麼沒有邏輯。

可是她的眼淚是真的，她的心痛也是真的，一個兩年多來，曾經跟她那麼緊密的人，就這麼平空消失了，難道他都不會想到，她會很難過嗎？

又或者，對 Jun 來說這本來就是一場遊戲，因為只有遊戲才可以這麼無情，才可以不必理由就退出。

蕾蕾沒有人可以說，只能一個人躲起來偷偷地哭，因為這一切都是假的，沒有人會願意聽妳哭訴夢境的。而這場應該更早醒

來的夢，後來卻長達了兩年多，究竟是因為新冠肺炎的護航，讓她沒有機會去戳破，還是因為作著美夢的人們，總是貪戀著不願意醒來？

「說再多，都比不上真的見一面。」當她在我的臉書直播裡，聽到我為虛擬世界的戀情下的註腳時，真的感受好深。

「Hi！」「你好！」，她突然又想起那個晚上他們相遇的情景。那其實並不罕見，也許就在這一秒裡，虛擬世界裡有千萬個招呼語和相遇，正在發生……

於是她決定告訴我這個故事。

希望即將進入夢境的人小心。

更希望作夢的人，可以盡快醒來。

照片提供｜綰

要兩個人都覺得可惜，
才是真的「遺憾」

那是你期待已久的一趟旅行，你終於到了那裡，一切都很好，唯一的「遺憾」，可能是因為天氣不好而無法看見的某個風景，或者是因為時間太短而無法走完的行程，「沒關係！留一個『遺憾』，成為下次再來的理由。」你笑著對自己說，你是真心這麼想的。

也許，你還有一個「遺憾」，跟感情有關。

那是你很喜歡的某個人，你們曾經很靠近，卻還是沒有走完全程，那是你很深的「遺憾」──跟旅行最大的不同是，你不必刻意安排，隨時都可以回去那場記憶。

你在每一次回憶的舊地重遊裡感嘆著：「如果再努力一點，是不是結果就可能會不一樣？」「還是因為你不夠好，所以他才沒有考慮跟你在一起？」……沒有人可以給你答案，於是你只能

帶著那個「遺憾」前進，從此覺得自己的感情再也無法圓滿。

你捨不得那場「緣分」，在茫茫人海裡，在那些稍縱即逝的機緣裡，你們相遇了！更特別的是素昧平生的你們，竟然就像認識了很久那般，會有那麼多共通的話題。那些難忘的點點滴滴，為什麼到最後，你們還是浪費了那場相遇？為什麼到最後，你們還是必須回到各自的人生裡？你最「遺憾」的是，你們明明可以那麼快樂，為什麼最後不能一起走去幸福?!

那就是每個曾經背負著「遺憾」前進的人，都曾有過的頻頻回首。而你又是一個人走了多遠，又默默回頭了多少次，才真的確定，那個讓你遺憾的人，真的沒有追上來；才真的確定，這場遺憾，真的就是你終生的遺憾。

也許，是因為他的無情，如果真的是那樣，事情會比較簡單，因為面對無情的人，我們經常不會心生遺憾；一定是你也感受到了他的有情，才會讓我們心生嘆息。是那個有情的夜晚，是那些有情的話語，是那個你千真萬確地感受到的情境，才會造就了我們後來的可惜。如果，他不是有心騙你，那也可能，只是我們太看重了這份感情——我們以為的珍貴的一起開始，他卻其實還留在原地；我們以為珍貴的點點滴滴，其實只是出於他的禮貌跟善意；我們曾經那麼感動的快樂，他也快樂，只是對他來說並非獨特。

那就是我們後來終於在時光裡看清的真相，曾經我們如此深愛過的那個人，他不是沒有追上來而已，他是連考慮都未曾考慮。曾經我們動搖地想要再回去懇求的那個人，如果他知道你在他走後曾經為他流過的淚、傷過的心，他也許會感動，卻一樣不會改變他的決定。

　　那就是你們之間最大的差異。你的遺憾，並不是他的遺憾。你的可惜，他一點都不想珍惜。你以為兩個人曾經一起深刻走過的那段路，並不是他的選擇，他只是剛好走進來而已。 也許，那才是所謂「緣分」的真相，「緣分」雖然很美，可是還要「有心」，才會讓一份感情成為幸福。而「遺憾」經常太脫離現實，要兩個人都覺得可惜的感情，才叫做真的「遺憾」。

　　一趟旅行裡的遺憾，只要努力，絕對可以在他日的舊地重遊裡被彌補；一段感情的遺憾，那個當時就沒有選擇你的人，就算你再回去千百次，也不會得到他的真心。一趟旅行裡的遺憾，可以成為他日重逢的美好約定；一段感情的遺憾，卻經常只是我們美麗的一廂情願而已。

　　於是，你也該放下那個「遺憾」了！也許，這個世界根本就不存在真正的感情的遺憾。所有的遺憾，都只是證明了你們的不適合；所有的遺憾，都不需要我們再次回頭，而是告訴我們，要更大步往前走，而且千萬別再犯下同樣的錯。

一個真的愛你的人，
就不會有那麼多眉角

不要任性，
這世界多得是跟你一樣的人，
要經過很多次，
才會遇見真的幸福。
不要埋怨命運，
把你綁在這裡的並不是際遇，
而是你自己。
一個真的愛你的人，就不會有那麼多眉角。
真心想跟你走的人，也不會只因為一點事，就把你丟下。

那不是幸福，連愛都稱不上。
一個連愛最基本的態度，都無法給你的人，
你還期望他會陪你面對人生將來的風雨?!

你可以留在這裡繼續揣想千萬種他離開的理由。
也可以，別浪費青春，往前走去你真正的幸福。

就當成
「誤會一場」

情歌天后在公開新戀情的三個月後,又在 IG 發布已經分手的消息,馬上成為各大媒體的報導焦點。

不知道,你是把它當成一則熱門新聞,還是它也讓你想起了,自己的那個故事呢?

你不是隨便的人,也從不輕易說愛,你是在很確認對方的心意之後,才決定走進去那份感情。你一直以為,先開口提出邀約的人,一定擁有比你更堅定的心意。後來你才明白,先開口說「在一起」的人,不一定就比較愛,他們經常也會先開口說「分開」。

也許他真的是一個感情的騙子,事實是只有戲劇裡的騙子,才會壞得那麼經典又徹底。真實生活裡的感情騙子,往往不是為了騙財或騙色,他們想要得到的是一種愛的「感覺」——他們追尋的是愛的「感覺」,而不是愛的「結果」。想要的是愛的「浪

漫」，而不是愛的「承擔」。他們經常會在一開始的時候扮演「情聖」的角色，極盡可能地對你好，當你終於被感動，進入這份感情，他的「感覺」便完成，也就是他要告別的時候了。那很合理，因為「角色扮演」本來在真實人生裡就是撐不久的。別問他為什麼要這樣，因為他也不知道自己為什麼會這麼病態？他們甚至不覺得自己有錯，他們不只騙你，他們是連自己都騙過了。

又或許，他並不是一個感情騙子，因為你見過他真心的眼神，也感受過他某一刻的誠懇。如果他真的有錯，那就是他不該那麼早就說出那些深情的言語，不該那麼輕易就把你勾勒在他的未來裡。只是，有沒有可能他在說那些話的時候，也曾經是真心誠意？就好像，你也一直告訴自己不要輕易相信，可是你最後也還是相信了。

你們的身不由己，也許跟「欺騙」無關，你們是敗在你們都太渴望幸福。所以他才會一看見你、所以你才會一見到他，在那些浪漫的際遇裡，各自都看見了自己想要的幸福的樣子。只可惜生活裡不會充滿際遇，當想像的煙消雲散、當真實犀利得對彼此形成壓迫，你們才如大夢初醒，發現原來彼此都不是彼此所想像的樣子。是他一開始認錯了你；而你也在最後他的絕情裡看清楚，原來他也不是你所想像的那個人。

說起這段短暫的相遇時光，你們甚至連「不適合」都稱不上，

你們只是在茫茫人海裡不小心拍錯了對方的肩膀，認錯了彼此。那不是一場愛的深雪，那只是一陣偽冷的冰霰。那不是你們深耕後的事與願違，那只是你們信步走過的誤會一場。

於是，你也就不要再繼續延續那場誤會，就讓那個走錯路的人離開。更別把那場誤會的理由歸咎於自己，跟你好不好無關、跟這個地方好不好無關，走錯路的人，本來就會離開。

你難免會難過，也許還會用大哭幾場來洗刷這場委屈，但請別再用珍貴的青春繼續等他，因為走錯路的人，本來就不會再回來。

這世上的「相遇」，大多數都是「誤會一場」。而我們就是在那些誤會裡，才終於學會了，別因為對方的一個承諾，就賭上了全部的自己。這世上大多數說要讓你靠的肩膀，都不是真的準備好被依靠。

這不算是一場深刻的愛情，一場淺層的錯愛也不會是一張專輯要推的主打歌，但那卻是我們幾乎都擁有過的一個故事。

「就當成誤會一場吧！」終於我們在最後笑著對自己說，讓那個故事在時光裡隨風而逝，讓故事最後的結局不是遺憾，而是笑著放過自己。

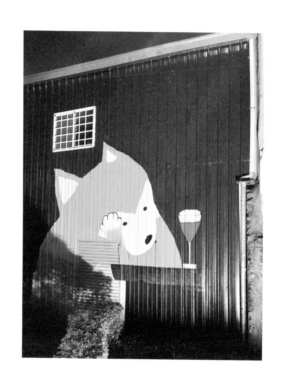

那是你們都用了最珍貴的青春，
一起仰望過愛情

後來你才真的從時間那裡學會了。
有些愛，的確是浪費了；
有些愛雖然沒有結果，卻還是生命值得的走過。

你還是謝謝他曾經給過你的那些美好，
那些溫暖，至今你仍深深記得。
他沒有故意騙你，也許在那一刻他也曾經真心。
只是他不懂得堅持，不懂得為一個人專心守候，
是多麼的不凡與珍貴。

現在你已經明白，
有些遺憾，很快就會事過境遷，其實「不必遺憾」；
也有些遺憾，會因為終於了解，
而被記憶定格在最美的畫面，成為「了無遺憾」。

你也許終會漸漸淡忘他，
可是你永遠不會忘記那一個美麗的天空。
那是你們都用了最珍貴的青春，一起仰望過愛情。

那不是遺憾，

那是你心底最美的一個定格。

你會放下那些執著，不讓它成為阻礙。

你會收好那個遺憾，

讓它成為抵達幸福之前，最美好的走過。

Step 2 ———

相信未來

你還會進化，
還會再愛，還會幸福

你不是因為他而傷心，
你是因為這份投入很深的感情，
最後沒有成為幸福而覺得傷心。

你並不是對愛失望，
你是對於他的不懂珍惜，而覺得失望。

你不是無法再愛，
你是再也不會把短暫的喜歡當成幸福，
一定要對方夠好，你才會交出珍貴的自己。

他只是你短暫的經過，
你還有更精采的未來，
你還會進化，還會再愛，還會幸福。

你會繼續往前，沒有人可以阻礙，
你說到做到，你一定會比從前幸福。

這一生，你要努力的是「幸福」，
而不是「兩個人」

「角子，我們是醫學系的同學，在一起三年多的時間裡，他總是不經意卻也輕易地傷害我，我始終認為是自己不夠好，才會遲遲無法獲得他的重視，所以即便那段感情經常讓我苦不堪言，我仍咬牙苦撐。」她在信裡對我訴說著，這種又孤單、又堅定的心情，應該也只能對一個遙遠的陌生人吐露吧！

那也是太懂得自省的你，一不小心就在愛裡失去平衡的故事。你們明明身處在同一份愛裡，地位卻如此懸殊。

你們最大的差別是對愛的「態度」，你總是「謙虛」地面對愛，總是先檢討自己，你願意學，相信幸福一定是因為努力而來的；形成強烈對比的是他對愛的「自大」，他不只理所當然地接受了你的愛，更因為你的珍惜而膨脹自己。

「我一直相信他是善良的，只是比較自我一些。兩個人的相

遇不容易，我一直告訴自己，幸福本來就是需要努力的。」她說出了自己堅持的理由。

是的，所以你的努力後來才會漸漸變了質，從努力溝通到開始努力壓抑自己。你不再溝通，避免惹他生氣；持續付出，而不再要求。你可以壓抑，但是你騙不了自己，明明你想要努力的是幸福，卻得到更多的傷心和寂寞。

那就是每一個最後被丟下的人的終於明白，原來為一個自我的人犧牲，只會讓他變得更自大；要一個從一開始就不看重你的人，後來會懂得珍惜你，又是多麼地不合情理。

「分手後沒多久，他就交了新的女朋友。我才理解，他對自己的愛始終遠大於我，而我愛他卻經常勝過自己，所以才會迷失。我最百思不解的是，明明我的傷心都是來自於他對我的傷害，可是我當時竟然把他當成最推心置腹的人。」我看著她的信，看著她在那份感情結束後的繼續自我反省。

「後來，我帶著自己在東臺灣一個人旅行，投入曾經熱愛卻荒廢了好久的舞蹈。雖然情緒偶爾仍會起伏，但我慢慢在找回自己的光，而我也明白如果沒有經過這段崎嶇和最後殘忍的分手，我可能永遠無法擁有這樣重新理解跟擁抱自己的機會。」她說。

這是我最喜歡收到的讀者來信的類型，不是只有傷心，更在努力前進。而我所能回覆給她的，都不是我的發明，而是她自己最真實的走過。

一個人，是努力不了兩個人的將來的。如果兩個人一樣是寂寞，那為什麼不要一個人有尊嚴的寂寞；如果同樣只是一個人在努力，那為什麼不努力讓自己一個人也可以好好生活？!

這一生，我們真正要努力的是「幸福」，而不是「兩個人」。你要努力的是讓自己「幸福」，而不是努力去維持「兩個人」的狀態。你要的是一個真實的幸福，而不是虛假的完整。如果「兩個人」不能快樂，那你寧可先「一個人」幸福。

「角子，我想跟你分享一段我跳舞的影片，這支舞我練了一年，好幾次跳到淚流滿面，這也是我此刻的心情，能夠喜歡自己的各種樣貌，並且好好地擁抱自己，是多麼幸福的事啊！」她在信的最後這麼說。

我點開那支影片，看著裡面的女孩從安靜到開始自信地舞動肢體，然後跳躍、旋轉，節奏再快，步履卻始終穩健……我知道接下來的人生，不管什麼樣的情境，她都不會再迷失自己。

我知道那就是她終於找到的，一個人的「幸福」。

你一定會越來越強壯的

你回到單身，你正在重新學習一個人生活。
特別的日子，那些一起走過的地方，
你都早有心理準備了。
最強大的，並不是孤單，
而是那些猝不及防的不一樣。
是原來他已經永遠不會再回來的，不一樣。

每一次，都還是會傷心。
你從不抗拒，你接受這樣。

你知道那就是時間會替我們作的篩選。
不值得的，終究會漸漸淡去。
珍貴的，就會自動被安放在心底的某個地方。

現在的辛苦，是因為你還在長大。
此刻的迷茫，是因為我們正在走去更好的地方。
再傷心，你也會直視前方。
你一定會越來越強壯的。

所有的不一樣，都會成為更好的不一樣。
你只有努力走過那些不一樣，
將來才會真的不一樣。
你只有勇敢看清楚那些不一樣，
將來才有機會遇見真的幸福。

快樂只是一陣子，
幸福要經營一輩子

你聽說過一種很美的幸福，叫做「一起到老」。

我曾經在路上見過許多「一起到老」的實例，但是能夠真的跟他們好好聊天的，卻是在萬水千山之外的澳洲塔斯馬尼亞島。

「你們在拍片嗎？」滿頭白髮的外國老太太，邊舔著手上的冰淇淋邊問我。我看了她一眼，很確定她是在跟我講話。「是啊！」我回答她，同行的藝人正在前方的冰淇淋店裡拍寫真集。

「你們是來這裡旅遊的嗎？」我問她。這個位於澳洲東南部的島嶼，真的好美，我下次一定要專程來玩。

「我跟先生是退休以後，從雪梨搬來這裡住的。」老太太回答我，在她旁邊的老先生，笑咪咪地跟我點了點頭，然後接過老太太跟他交換的冰淇淋，她說我想吃吃看你那個口味的。

「好棒啊！可以住在這裡。」我羨慕地說。

「是啊，來這裡定居是我的夢想。但是他一直在雪梨工作，我們等到小孩都自立了，然後他也終於退休了，才一起來實現我的夢想。」老太太說。他們帶來的兩隻狗，看起來也有年紀了，一直盯著冰淇淋看，老先生開始餵牠們，她笑咪咪地看著，像看著兩個孩子。

他們看起來在冰淇淋店裡的拍攝應該很順利，我的眼神望向前方，心底正在展現的卻是另一個畫面：

那是當年的一個年輕男孩和女孩，他們從相戀到終於結婚，一個渴望小鎮、一個卻必須留在城市工作，他們是如何找到彼此的平衡點的？然後他們從戀人成為了丈夫和妻子，到後來又成為了父親和母親的角色，隨著那些角色的轉換，被賦予的更艱鉅的責任，他們是如何做到的？他們期許過對方嗎？埋怨過對方嗎？甚至，接受過外在誘惑的挑戰嗎？

我想著這幾十年來，這份愛曾經接受過那麼多生活的考驗，在那些觀念歧異的時刻，也許是透過理性的溝通，甚至也可能發生過激烈的爭吵，有太多人因為爭吵而分開，也有一些人會因為習慣而忽略彼此，可是他們沒有，他們還是可以保持在幸福的路上一起前進著，將那些陽光跟風雨，都兼容並蓄成歲月裡的「一起走過」，讓那個當年為了他而留在城市的女孩，最後也是他，

牽著她的手，用他的餘生圓滿了這個女孩的夢。

「一起到老」一定也是我們的夢想吧！當我們終於遇見了那個彼此喜歡的人，一起擁有了一段快樂的時光，我們以為日子就會這樣過下去了，最後才在那場真相大白裡發現，原來這世上大多數曾經互相喜歡的兩個人，到後來都沒有真的「一起到老」。

因為光靠喜歡並不會讓人「一起到老」，因為人生不會永遠都只發生我們喜歡的事。生命的每個階段，都有它新的學習和挑戰，兩個人要不只喜歡，更要願意一起學習、一起成長，才有可能走過人生的每個階段。才有可能把剛開始喜歡的幼苗，培育成後來繼續長大的幸福。

「快樂」並不困難，那幾乎是所有愛情都會有的開始，你們不會一直延續著相同的快樂，因為你們的下一個階段遲早都會來。你們是因為一起調整、一起努力，終於一起走過了那些挑戰後，才又體會到了新的快樂，那個快樂，才是真正的「幸福」。

快樂只是一陣子，幸福要經營一輩子。快樂只是一場美好的相聚；幸福才是我們這一生的堅定同行。愛的快樂只要兩個人就可以；可是幸福一定是兩顆願意「一起成長」的心，才能夠完成。

這就是我在那個遠方的夕陽的光暈裡，突然看清楚的道理。

我看著拍攝的夥伴們走出來，我跟老太太、老先生說我要走了，他們笑著跟我揮手道別。他們彼此靠著坐在商店門廊下的長條椅上，塔斯馬尼亞島的夕陽跟他們的身體相融成一幅紅色的畫，我想我永遠不會忘記那個美麗的畫面，永遠不會忘記那個畫面背後的道理。

　　從前，你聽過一種美好的幸福，叫做「一起變老」，可是後來你更喜歡的幸福叫做「一起長大」。因為能夠「一起長大」的戀人，才能夠幸福地「一起變老」。

　　而你要找的就是那個願意跟你一起努力的人，不只一起變老，還會一起長大，才能把短暫的快樂，經營成永遠的幸福。

眼淚要因為感動而流，
而不是傷心

沒有人的愛情，會跟他原先所想像的一模一樣。
我們一定是邊愛邊調整，在「幸福」的路上，
認錯過幾個人，當然，也被幾個人認錯。

我們不只學會笑和眼淚，
我們還意外地發現原來笑、淚還可以並存。
那是你在傷心流淚的許久以後，
突然笑著想起當時那個勇敢的自己。

每個曾經為愛勇敢的人，都一樣偉大。
我們只是還需要學會，把勇敢放在對的人身上。

每一滴為愛而流的眼淚，都一樣珍貴。
而我們後來最珍貴的學會是：
眼淚要因為感動而流，而不是傷心。

你不會收回你的勇敢，你還要去看這個世界的許多地方。
你不會害怕為愛流淚，
因為是那些體會，才讓我們後來終於走到幸福。

愛自己，
就是對自己「說到做到」

　　好像真的是這樣。我們都是先從「愛別人」，才開始學會「愛自己」的。

　　在分手後的傷心裡，「愛自己」成為我們可以寬慰自己的一句話，甚至會讓人心酸地熱淚盈眶，是啊！這一路也只有自己明白，為了這份感情、為了他，你曾經多麼地不愛自己，讓自己受了多少委屈。

　　於是我們便帶著「愛自己」的信念往前走了，可是好像也只好了幾天，那種無力感就又回來了。終於你忍不住感嘆：愛別人，比較容易；愛自己，真的好難。

　　因為我們經常以為「愛自己」就是寵愛自己，而我們最容易在傷心時對自己的寵愛，就是放任自己耽溺在想念，甚至用盡方法去挽回，最後讓我們的「愛自己」，變成「害自己」，在對方

的無情對待中，又傷害了自己一次。

「愛自己」的「愛」，並不是溺愛，而是恩威並濟的，對自己又剛強、又溫柔的。

化作具體的實踐，「愛自己」就是對自己「說到做到」——清楚地給自己訂一個目標，真的做到了，就給自己一個值得的獎勵。

我們在傷心期的「愛自己」，應該給自己訂的第一個目標，就是先好好照顧自己，努力讓自己好好吃、好好睡，盡量讓自己的作息正常。事實是，連這麼容易的事情，對傷心的你來說都非常困難，要在一場因為太「愛別人」而引起的事故裡，學會「愛自己」，本來就不是簡單的事。所以才要給自己多一點時間，慢慢去調整，最重要的是「行動」，去開始你的第一次。所有習慣的養成，都是從先做到第一次開始的。

你在「愛自己」的過程裡，每一次為自己訂定的目標，再微小都沒有關係，因為重點不是目標的大小，而是「做到」！真的做到了，就給自己那個獎勵。在頒獎給自己的時候，大聲告訴自己，你真的可以，你真的可以對自己「說到做到」！

我們對「愛自己」的初次練習，經常源自於一場傷心，剛開

始也只希望能夠順利地從傷心走出來。卻從沒想到後來會在那些對自己「說到做到」的實踐裡，不只療傷，更強大了對自己的自信。

你的自信，就是你生命中最強大的武器，你將再也無所畏懼，因為你知道，就算再跌跤，你也一定可以再靠自己站起來；就算你失去一切，你也還擁有，對自己最珍貴的愛。

「愛自己」不僅是傷心時自救的良藥，它更是你這一生會不會幸福的關鍵。它是上天用一場傷心對我的啟發，讓我們重新調整跟自己相處的模式，大多數的我們，其實都應該先跟自己說一聲「對不起！」，這些年來，我們真的對別人比較體貼，沒有好好善待自己。

把「愛自己」真的落實到你的人生裡，你就擁有了一生永不匱乏的溫暖。一個懂得給自己愛的人，絕對不會輕易把自己交給不好的人，也不會允許自己，被不珍惜地對待。

你最後一定可以把「愛自己」變成一個習慣的，那是我見過許多傷心的人，他們從悲傷的角落出發，從剛開始艱難的一步一步，到終於走進生命的美麗花園。當他們嘗到了愛自己的快樂，便再也停不下來，原來生命真的有無限的可能，原來人生只要願意稍微調整一下方向，把愛別人的力量拿來對待自己，竟然可以

為自己帶來這麼巨大的幸福。

　歡迎你加入「愛自己」的行列，從此刻就開始享受愛的美好。

你不是自私，
你是自愛

這一生，你要優先守護的，一定是自己。

不貪圖，不懂得尊重你的感情。
絕不吃，對方不在乎你吃的苦。

你願意為愛努力，但你絕不委屈自己。
你願意為愛付出，但你不會忘記自己。

你不是自私，你是自愛。

這一生，你永遠最了解自己，
你知道自己正在走去哪裡。
全世界，你會最寵愛自己，
沒有人會比你更懂，如何讓你幸福。

做一個，
感情裡的大人

直到現在，你還是會在某部電影的一幕裡彷彿看見了當時的自己。你還是會，瞬間就共感了那樣的傷心而淚如雨下⋯⋯

「親愛的，如果你也看見了，你會嗎？」也許這也是你想問他的，如果他也正好看見了這一幕，他也會想起你們的那段感情嗎？還是，就像一個健忘的孩子，總是會有新的好奇和追求，一下子就跳過那一幕，完全不認為跟他有關？

那個時候的你們，愛得就像兩個孩子一樣。

直到現在你仍分不清，究竟是他的孩子氣，喚出了你心中的那個孩子；還是你的勇往直前，把他寵成了小孩。當時的你們曾經那麼快樂，一起瘋狂、織夢、計畫著去世界的好多地方⋯⋯

所以後來的你才會那麼傷心。

你沒有他好運，不像他那麼快就可以展開新的人生；也沒有那麼快就轉運，你在接下來的時間裡，還是陸續又受了一些傷。但是那都沒有關係，是真的，即便在突然看見電影的那一幕時還是會傷心，但是你在哭完之後是真的也可以這麼想了。

　　總是如此的，我們以為傷心是一種損害，但後來總是會再多長出一些東西來；我們認為分開是一種倒退，但我們後來還是在那場時光的逆旅裡又更前進了一些。

　　「愛情」經常是讓我們最快長大的事，而我們就是在後來逐漸擁有的大人的視野裡，邊懷念那段如孩子般的戀情，邊看穿了孩子的真相。

　　孩子是坦誠的，但孩子也是自不量力的。那些他說過要給你的保護，並不意味著他的內心就有足夠的力量和堅定。

　　你被那樣的話語感動過，可是它們後來也成為你的不解與傷害，你曾經哭得像個孩子，可是你現在已經可以像一個大人那樣明白。你不再以為自己能否幸福的關鍵，是來自於外在的給予。一個真正的大人，會靠自己，那些你自己就可以給自己的幸福，你再也不會苦求別人給你。

　　孩子是熱情的，可是他們興致勃勃地對你說過的未來，後來

幾乎都不會真的實現。而失望的我們，又是任性地傷害了自己多久之後才明白，一場愛得如孩子般瘋狂的愛，再快樂，一旦時間到了，也注定要分開。

你還記得他，還記得他如孩子般燦爛的笑容，所以你還是會因為那個電影畫面而流淚。曾經你的眼淚是因為「失去」，可是現在的眼淚是因為「曾經擁有」。你曾經像一個孩子般憤怒、無助，但是你現在真的有了大人的體會與明白。

從前，你只在乎，為什麼不是你？現在你更明白，所有後來不屬於你的，都一定有它的問題。從前，你以為離開就是失去，現在你已經知道，大多數的離開，都是因為有更適合的人，在前方等你。

「親愛的，如果你也看見了，你會嗎？」這應該是一個你永遠不會得到回答的問題；又或者，其實你已經知道答案了。你只是那場愛裡假裝的小孩，而他才是真正的孩子。真正的孩子是只會前進的，他們幾乎不曾回顧、無暇懷念，甚至一輩子都不會真的長大。

你深愛過他，你深愛過一個孩子，可是你現在要找的，是另一個感情裡的大人。

不只懂得喜歡，更要懂得珍惜。不只懂得相愛，更要懂得堅定。

你走過那樣的路，這是你此刻最平靜的體會。是的，感情裡的「小孩」會快樂，可是只有「大人」才會真的幸福。

你還在努力，還在前進，你會永遠保有對愛的相信，就像一個孩子般純真地信仰愛情；然後在那些過程裡，用眼淚、用笑容，勇敢、聰明地長大……

做一個，感情裡的大人。

你知道那才是愛長大的順序

你沒有想要跳級，
你知道那就是愛該有的一步一步。
從彼此直覺的喜歡，到真的在一起相處。
從有好感，到也能夠接受，生活裡又看見的部分。

比起交淺言深，你更珍惜他的按部就班。
從喜歡，到互相珍惜。
從認定，到更加堅定。

愛是兩個人一起慢慢走，
不只見過快樂，也一起共過風雨。
能夠一起作夢，也願意一起承擔。

愛不是浪漫地說過，
而是要務實地走過。
那些急著跟你談未來的人，
大多數連現在都無法給你。

喜歡、相處、確定、堅定、經營，
你知道那才是愛長大的順序。
你會堅持，也只要那個會跟你一起堅持的人。
因為只有那樣，愛才會真的長大，
才會變成真正的幸福。

Story 3.

冰與火之歌

「角子，雖然我們未曾謀面，但當我看了你的書，對你有種莫名的親切感，聽說你在募集新書的故事，我想把我的故事告訴你，不管它最後有沒有被採用，我都想把它寫出來，當成送給自己三十歲的生日禮物。」

寫這封信來的女生叫做明穎，住在吉隆坡，是一個律師。

她說她跟阿燦是十八歲時在校外的合唱團認識的。阿燦大她十歲，她覺得阿燦像冰，像冰一般冷靜，你可以說他無情，但也可以覺得他俐落。起碼，明穎是欣賞他這點的，她喜歡阿燦處理事情總是快速又得體的樣子。

他們偶爾見面、偶爾聯絡，感情就是比普通朋友，好像又多了一點。

二十歲那年，明穎去英國念法律，她在英國沒什麼朋友，阿燦會跟她視訊，她不知不覺開始依賴他。他偶爾會聽她訴苦，偶爾在忙碌的生活裡忘掉她。阿燦說過等明穎明年畢業的時候會去英國找她，兩個人再一起去歐洲旅行，她一直以為阿燦只是說說而已，沒想到後來他真的去了，他們在那場旅行裡開始「正式」交往。

　　「我不明白像我們這樣先當朋友才開始交往的人，在所謂『正式』交往後，態度會不會不一樣？如果他有，那也應該是對我更嚴格吧！」她說。

　　阿燦對她的要求很高，如果以一個師長對她的期待來說，也許是合理的；但是以一個男朋友來說，她覺得太嚴厲。她雖然經常覺得委屈，但是那並不妨礙她對阿燦的崇拜。阿燦的冷靜和直白，搭配上明穎對他的愛，讓阿燦成為這份感情裡，唯一制定規則的人。

　　他可以瞞著明穎幫前女友搬家，可以不斷地出現女性閨蜜，然後在明穎發現的時候義正詞嚴地對她說：「安全感是自己給自己的，別像小孩一樣無理取鬧！」

　　她還記得，她買過一只智能手錶送阿燦，她以為他會很開心，沒想到阿燦卻誠實地對她說：「妳要不要拿回去送給別人，我想

買的是最新款的，我收下來就浪費了，因為我是一定不會戴的。」

阿燦的直白經常讓明穎傷心，可是好奇怪每次在她又細想之後，她覺得阿燦說的好像也有他的道理。她覺得「愛」才是最重要的，她知道阿燦是愛她的，而她也還年輕，還有很多事情需要學習，只要兩個人是相愛著的，那就照著阿燦說的去做就對了！

二十五歲那年，明穎得到了一個去新加坡工作的機會，她不想離開阿燦，她想放棄。

「世界很大，要多去看看外面的世界！如果妳看過了還是沒有改變，那我們的感情就更穩定了。」阿燦這麼說。

她努力把它聽成一個鼓勵，甚至是一個保證。是的，世界很大，連那麼遠的英國，她都一個人去看過了；可是世界也很小，如果喜歡的人不在身邊，那再大的世界，也只剩下寂寞而已。

明穎沒有感覺到阿燦的離愁，她把它想成是他的成熟。

她在新加坡的工作是一間貿易公司的法律顧問，因為人少，所以工作量很大。也因為人手不足，所以老闆很器重她，與其說她是法律顧問，其實更像老闆的特助。

後來，她就是在新加坡遇見 Brian 的。

Brian 是臺灣分公司的業務員，因為工作來新加坡總公司培訓一個月，他跟明穎一樣都住在員工公寓。明穎看他們幾個臺灣來的男生人生地不熟的，經常充當他們的導遊和生活小幫手，一個月下來彼此也都有了許多認識。

要回臺灣的前一晚，幾個人約了一起吃飯，算是給他們餞別。酒足飯飽，另外兩個同事說還有東西要去買，於是只剩下明穎和 Brian 一起走路回宿舍。

「如果能早點認識妳就好了！」Brian 突然在路上對明穎說。

明穎一下子不知道該接什麼，她不確定他的意思，她也不想確定他的意思。Brian 有女朋友了，而她也有阿燦了，不是這樣嗎？他們還能怎樣呢？

「下次有機會再來，我還在啊！再帶你們去吃那間我認為第一名的黑胡椒螃蟹。」最後她笑著這麼說。

半年後，他們重逢，不是在新加坡，而是在上海。

深受老闆器重的明穎，突然被老闆派去上海設立中國總部。

老闆幾乎沒有問過她的意見，直到出發前幾天才告訴她，她拿著公司買的廉航機票，發現還不是直航的班機，她必須先一個人搭機到杭州，再轉高鐵去上海；她也幾乎沒有問阿燦的意見，她知道他會給她的答案。他總是鼓勵她去吃苦，因為那就是人生，我們只有吃苦，才會變得更強更好，對不對？既然如此，那又何必討拍？起碼，又何必對阿燦討拍？那也只會更突顯她的幼稚而已。

　　她只是沒想到 Brian 也同樣被派駐到上海，成為她的同事。

　　他們一共是四男兩女，同為公司第一批進駐上海的夥伴，大家有一起披荊斬棘的革命情感，明穎做為面對老闆的窗口，每天等老闆忙完再跟他報告工作進度，經常都是晚上十點了，她經常是所有人裡面最晚休息的。漸漸地，她發現 Brian 會留在公司陪她，也許是他也很忙，也許是擔心她每天一個人夜歸不安全，總之，他成為了明穎一個很值得信賴的夥伴。

　　她才發現，原來 Brian 像火，他對人溫柔體貼，是一個超級大暖男。

　　某個週末傍晚，她突然收到老闆通知，要她到某個區域找新的員工宿舍，她急忙出發，在路上遇見了另外一位女同事，她找她陪同，於是兩個女生一起到了那個小區。到了才發現那個區域是紅燈區，出入的人很複雜，她們在昏黃的暗巷裡草草地看了房

子，在走出來的路上跟許多詭異的眼神交錯而過，兩個人越走越毛、越走越害怕，兩個人開始拔足狂奔，終於衝進去捷運站，直到回到宿舍兩個人都還心有餘悸。

「下次要看房子一定要找我一起去，這樣太危險了，知道嗎？」Brian 對著她說。

就在幾分鐘後，阿燦剛好也打電話來，明穎急著跟他傾訴自己的恐慌，話都還沒說完就被他打斷了，「為什麼都已經出國那麼久了，還沒辦法把這種事情處理好呢？」阿燦說。

是的，阿燦說得沒錯，可是就算他說得再對，在那一刻還是讓她覺得心冷，她草草掛上電話，她討厭冰，她在感情裡需要的是火。

從那次之後，她就再也不跟阿燦提工作的事。她盡情投入工作，在裡面學習新事物，用她自己的方法和標準，得到她自認的成長和收穫。她在那陣子長大好多，她已經好久沒有活得這麼像自己。

幾個月後，阿燦從馬來西亞來看她；剛好那陣子，Brian 的女朋友也從臺灣來找他。

阿燦要回馬來西亞的前一天，那是明穎第一次跟阿燦說，她覺得他們的距離越來越遠，她想聽他說些什麼，但是他沒有，他

一樣準時睡覺，然後在第二天醒來後一樣裝作什麼事情都沒有發生。

阿燦搭的是清晨五點的班機，他堅持晚上十點出發，然後在機場大廳過夜。明穎希望他可以多陪她一點時間，凌晨三點再搭計程車去機場，他拒絕了，因為他覺得搭計程車太浪費了，還是堅持要一個人提早去機場。離別時，阿燦沒有抱她，在阿燦終於淡出明穎的視線的時候，她哭了，她覺得自己此後跟這個人好像再也沒有任何關係了。

她的預感是對的，阿燦回去後沒有再跟她聯絡。

沒多久，她聽說 Brian 跟他的女朋友分手了。

本來住了四個人的宿舍，後來也隨著兩位同事的離職，變成只有她跟 Brian 住在一起。他們開始一起生活，漸漸地，也就在一起了。

「如果你經歷過冰，那你就更能感受到火。我在 Brian 的寵愛下，才知道原來被愛是這麼幸福的。」明穎在信裡這麼說。

從前，阿燦總是嫌她太胖，她聽過太多那些阿燦說是為了要激勵她的話：「如果妳不瘦下來，我們可能沒辦法繼續走下去。」

「妳多久沒照鏡子，看看自己現在的樣子了？」「妳覺得十年前的妳看到現在的妳，會是什麼感覺？」每一次當阿燦又這麼說，她總是沉默，他從來沒有在那場沉默裡聽到她的心碎，他一直以為那就是她的默認。

可是 Brian 會鼓勵她去嘗試任何想做的事情，譬如鼓勵她去做美甲，而且還陪她去，做完第一個讚美她。如果是阿燦一定覺得她太浪費錢。

從前，阿燦每次跟她約會，都會要她先坐捷運到離他近一點的車站，他再去接她，因為阿燦覺得堵車的時間，他可以做更多更有意義的事情；可是 Brian 再遠都會去接她。他不只接她，還會等她，有一次她跟老闆在飯店忙著討論明天跟客戶的提案，Brian 晚上十二點就到了飯店大廳，他堅持要等她，一直等到半夜三點，都沒有一句怨言。

Brian 對她也很大方，那些明穎喜歡但是捨不得買的東西，像 Dyson 吹風機、AirPods，他會放在心底，然後在生日和特殊節日的時候送給她，她從沒收過這麼貴重的禮物，最讓她感動的除了那份心意，還有他總是告訴她的那句話：「妳值得最好的。」

他給她許多信心，支持她所有的決定，尤其是她一直想創業開設法律事務所的夢想，Brian 對她說過：「放膽去做妳想做的，

就算一開始收入不好也不要擔心，大不了我養妳啊！」

那些都是阿燦從來不會對她說的話、從來不曾對她做過的事，那就是冰和火的對比。

他們就那樣在上海一起過了一年，那是她人生最美的二十七歲。

隔年年中，公司調 Brian 回臺灣，而她也決定回去馬來西亞發展。他們依然保持聯繫，Brian 一直鼓勵她到臺灣發展，她想，但她也很清楚這個決定的失敗率太高，她無法在臺灣執業，她很容易就真的成為他的負擔。

她利用聖誕假期到臺灣找 Brian，他帶她去 101 看煙火，帶她去見他的家人和朋友，對他的好朋友介紹說：「這是我的老婆。」

他還刻意安排明穎在臺灣的時候交新車，要她成為第一個坐上副駕駛座的人。

那趟旅行的記憶如此美好，她在新年剛開始的第五天回家，一切是如此充滿希望，她真的開始考慮，是不是就放下一切去臺灣發展呢？

一個月後，新冠肺炎爆發，馬來西亞開始鎖國，她暫時不用再考慮那個問題，他們成為了「遠距離戀愛」。

可是 Brian 的火還是經常跨海燒過來，她還是會在各種節日收到他的禮物。最棒的禮物是她收到的那張照片訊息，照片裡是那間他剛付了頭期款的房子，照片下的訊息寫著：「這是我們的家」。

深受感動的明穎，真的開始上網找相關資料，她決定了，她要去臺灣發展。他們接下來的討論都是跟將來一起在臺灣的生活有關，他們的新家將來要的裝潢風格、要選的家具、以後要過的日子的樣子，談論「將來」是如此美好的事情，而「將來」最美好的原因，是因為它還沒有真的發生，所以全都是最美好的想像。

二十九歲的聖誕節，她的禮物是 iPhone12，他買給自己的也是，他說那是情侶機，當他不在她身邊的時候，就讓這臺手機代替他。

很快地，明穎的三十歲來了。她在一月十六日跟他鬧了情緒，因為他前一天只給她發了簡單的訊息。一月十六日，他整天失聯。

一月十七日，她收到他想分手的簡訊。然後通了二十分鐘的電話，確定他心意已決。

那晚，明穎完全回想不起來自己是如何度過的，她甚至懷疑過，是不是 Brian 說完電話後就搭上了飛過來的班機，這一切只是故意要給她的驚喜?!

　　「分手後我發微信給他，他都沒回。LINE 也都顯示未讀。後來，每隔幾天，他都會有一些動靜，先是解除我和他的 iPhone 手機的 Family Sharing，再來是退出我們和前同事的微信群聊，最後是將我從他家人的 LINE 群移除。」她在來信裡說。

　　明穎還是會很想 Brian；而 Brian 每次想到她的時候，就是又再脫離掉一個跟她的關係。而且，就像拆掉一個炸彈的引信那樣謹慎而小心。

　　他是希望這份關係，就這樣安靜地解除？還是，他也有一點心虛，覺得自己對不起她呢？

　　她糾結過，為什麼 Brian 會那麼突然地提分手？他給她的答案是沒有未來的方向感。她聽得懂，但是不明白，這一路不都是他在給方向感嗎？是他一直要她來臺灣，而她也答應了！她來臺灣不是一卡皮箱那麼單純而已，是要離鄉背井、放下一切，來這裡重新開始，他不知道她是下了多大的決心，才作成這個決定的嗎?!

「那個真正的答案，沒有讓我等太久，一個月後，我發現他的 LINE 更新了一張照片，那是他的車搭上了車帳，停在山上。我認得那頂車帳，那是他當時說為了我買的，他說等我搬來臺灣，就帶我一起到山上去度假。照片裡看起來那的確是一場假期，車子的顏色是我挑的，帳篷是為我買的，只是帳篷裡的女人不是我了。」她在故事的最後傷心地說。

　　在三十歲的生日前夕，她終於看清楚，原來這團焰火，只是煙火，曾經燦亮過她的人生，卻又瞬間熄滅，比冰更寒冷無情。

　　而我看見的，是我們很容易在三十歲之前在感情裡的「隨遇而安」，我們總是因為愛上了什麼人，就變成那個人會希望的樣子。我們對愛情的想像力很豐富，覺得幸福可以有千百種樣子。於是，傷害也可能是愛、苦等也可以是愛，甚至連不被珍惜，也可以是愛。

　　是的，愛情的樣貌真的很多，可是幸福的態度卻只有一種：只有懂得「尊重」你的人，才能給你真的幸福。

　　在感情裡，懂得尊重你的人，一定也是一個懂得你的好的人。因為懂得你的好，所以不想失去你，於是便有了尊重你的態度。不懂得尊重你的人，除了沒有教養，一定也是一個不會珍惜你的人。

懂得尊重你的人，一定也是一個願意跟你溝通的人，在彼此相互尊重的氛圍裡，去理解、協調出一條兩個人都願意一起走的路，這樣子的路才走得長久。

不要美化他的沒有教養和不懂珍惜，我們在感情裡一定要優先得到的是欣賞和支持，然後才在那樣的感動裡，期許自己可以更好，去值得對方的付出；而不是在一開始，就努力改變自己，去符合對方自我、自私的需求。

是的，愛情的樣貌真的很多，所以我們後來才會在生命的黑暗裡，因為看見了那幾點星火，就把它錯認成太陽；所以我們才會那麼執著在他曾經給我們的星火，而忘記它也有屬於它的黑暗。

而你又是到了多久的後來，才發現幸福是「絕對」而不是「相對」的，你真正要找的，是那個符合你的幸福的標準的人，而不是那個只要某些地方比你前任好的人就可以了。

阿燦是不懂得尊重明穎的冰；Brian 是不能持久的火，他們都是我們在尋找幸福的路上會遇見的人，那是我們在年輕的時候，都曾經吃過的虧和受過的傷。後來我們才懂了，冰與火，都是讓人眩目的景觀，只有能夠跟你一起走入平凡生活的人，才能給你最踏實的幸福。

「角子，聽說你在募集新書的故事，我想把我的故事告訴你，不管它最後有沒有被採用，我都想把它寫出來，當成送給自己三十歲的生日禮物。」我想起明穎這封信的開頭。

　　能夠在三十歲明白這樣的道理，真好。

　　三十歲，正是生命如歌的年紀，有一些歷練，還有前方更美的前程。

　　能送給自己這樣三十歲的禮物，真好。

　　願我們從此都不再辜負自己，不再辜負那些走過的明白，不再辜負，等在前方的那場真的幸福。

照片提供｜一個人

幸福的
「因為」和「所以」

　　因為遇見了王子，所以灰姑娘從此過著幸福快樂的日子——這是我們在小時候就聽過的「灰姑娘」的故事。

　　也許是因為「灰姑娘」夢想成真的故事讓人印象深刻，也許是因為太多美好的愛情故事的轉折點，都被放在「那個人」的出現，所以後來你才會一直想遇見那個人——「因為」遇見了那個人，「所以」便得到了幸福，這就是許多人心中，幸福的「因為」和「所以」。

　　我們在那樣的邏輯裡，開始期盼每一次迎面而來的，就是那個可以給我們幸福的人。那很容易讓我們愛得很忙，讓我們急著投入一場又一場的愛情，像買樂透那樣，希望盡快遇見那個可以讓我們幸福的人。

　　「幸福好難！」也許這也是你在多方嘗試之後，終於發出的

感嘆。你非常確定，你的付出絕對不會比身邊那些已經幸福的人少，可是為什麼自己到現在都還遇不到幸福?! 我們覺得沒天理，覺得自己一定是感情運不好的人。

然而，真的是如此嗎？真的是每一次我們在感情裡的挫敗，都是「愛」在逼迫我們放棄嗎？有沒有可能，其實是「愛」想告訴我們一些道理呢？

如果我們先不要那麼執著於成敗，不要覺得每一場失敗的感情，就是又白忙一場；如果我們不要只是急著脫離那場傷心，想要盡快再重來。如果我們可以在這場愛為我們安排的寂寞中，誠實地問問自己：什麼才是你真正需要的人？什麼才是你真正想要的愛？

因為幸福並不是「遇見」，並不是灰姑娘遇見王子那麼簡單；幸福更重要的是「選擇」，是你在那些眾多的遇見中，懂得作出選擇，排除那些會消耗你的心神跟時間的人，把珍貴的時間，留給前方那個真正對的人。

你不會白吃那些苦的，那些選擇的標準，並不是我們天生就會，就是我們在那些挫折和傷心裡要學會的。

你的失敗，也不意味著又要回到原點，你在每一次的挫折裡

學到的，都會讓你更接近真的幸福。

你不是命不好，你只是還沒有靜下來沉澱跟整理。如果連你自己都不知道你想要的愛是什麼，那上天要怎麼幫你？!

童話裡的「因為」和「所以」，一定會比較簡單，因為那不是短小的童話會允許的篇幅，它不會告訴你，光憑一晚共舞就認定彼此是真愛的王子和灰姑娘，到後來有沒有一直幸福？那更不是我們會見到的美好愛情故事的細節，我們經常只會看見結果，而低估了他們努力的過程。

真實世界的幸福的「因為」和「所以」，難免會比較辛苦。它並不是天上掉下來，而是兩個努力的人，他們在相遇之前，各自經歷過傷心和辛苦，終於他們相遇，於是那些挫折，都成為他們走到幸福之前的「因為」，「因為」他們經過了那一切，學會了那一切，「所以」才得到了最後的幸福。

他們一定也會比王子跟灰姑娘更懂得珍惜，因為這一場幸福，得來沒有一點僥倖，所以才更顯得珍貴踏實。

你此刻的辛苦和眼淚，都是對的；你對愛的挫折跟沮喪，也都難免。那都是走向幸福的過程，那就是幸福的「因為」和「所以」。

你不是「因為」遇見誰，「所以」才能夠幸福。

你是「因為」經歷了那一切，「所以」最後才帶自己去找到了真的幸福。

真心喜歡你的人，
就會喜歡你的全部

並不是因為你不好，而是因為你太想留住那份愛，
所以才會在乎他的喜歡，才會一直忍受他的批評。

你告訴自己他是為你好，安慰自己那也是一種真。
後來你才明白，跟好與真無關，
那是人與人之間，最基本的「尊重」。
沒有尊重，就不會有互相；
沒有互相，就不可能一起努力。

真心喜歡你的人，就會喜歡你的全部。
他可以不愛你，可是不可以用愛的名義批判你。
他可以離開你，可是不可以又要享受你的好，又覺得你不好。

你寧可一個人好好安排自己，
也不要越愛越卑微。
你會把自己收回來，不再把心交給這樣的人。
你會收回對他的愛，
因為你知道不被尊重的感情，永遠都不會變成幸福。

先把自己過好，
別人才會想跟你一起好

一個人不會孤單，
是苦苦等一個不在乎你的人，
才會讓我們寂寞。

一個人不會不幸，
是一直想要靠別人給我們幸福，
才會讓我們不幸福。

恢復單身，並不是回到原點。
一個人，才是幸福真正的起點。
幸福的起點並不是遇見一個人，
而是先學會愛自己。

先把自己過好，
別人才會想跟你一起好。
先把一個人過得富足，
兩個人才能一起幸福。

你再也不要
讓等待成為習慣了

你寧可一個人安靜地生活，
也不要再隨著一個人的心情起舞。
你寧可為自己點一盞燈，
也不要在失望的黑暗裡無處容身。
等過了，就不要再幫他找理由。

你再也不要讓等待成為習慣了。
一個人，是你還給自己最大的自由。
一個人，是你獻給自己的全新開始。
那些你希望他可以給你的幸福，
其實我們幾乎都可以自己給自己。

一個人先讓自己幸福，
其他的，再看緣分。

一個人先快樂地慢慢走、慢慢看，
另一個人一定要夠好，你才要跟他交換。

Step 3 ———

努力現在

你一定會幸福的

你終於開始努力往外走了。
你已經留在那裡，好久了。
聽著同樣的理由，等著永遠相同的結果。
最後發現，傷心從來都不會真的習慣，
原來傷心，永遠還可以更傷心。

你不想再一直重複說服自己了，
你知道這個世界還有很多新的可能，
那是你還很長的人生，你想為自己爭取。
你要找的是一個真正的人生的伴，
你要找的是一個懂得珍惜你的人，
在乎你的在乎，一起努力你們的夢想。

你會繼續為自己努力，
你知道你終於會有到達的一天。

那些你終於明白的道理，你會好好放在心底。

你一定會幸福的。
那是你發自內心的相信；
那是你跟自己永遠不變的約定。

愛的「雙重認證」

「角子,我跟男友交往有段時間了,假日他喜歡待在家玩 game,我喜歡到戶外踏青,我們越來越沒有話聊,他對我的感情已經變淡了嗎?他曾經對我說過的愛,都是假的嗎?」

每次在社群平臺收到像這樣的讀者來信,我總是在心底先感謝他們對我的看重,雖然未曾謀面,但卻願意把我當成一個很親近的朋友——我們只有對自己很親近的朋友,才會這樣沒頭沒尾地問一個問題,因為你一定懂我的不安、猶豫還有心煩。

於是,我也想像一個老朋友那樣直白地回答:是的,他一定曾經很愛你,否則你不會跟他在一起。確認對方只是想玩玩、還是真的喜歡你,一直是「愛」最需要被認證的問題——但那也只是愛「最基本」的認證而已。

接下來你們會相處,會開始在生活的細節裡上演許多內心的

小劇場，我們應該在那些小劇場裡思考的，也應該隨著具體的生活，而進入更務實的層面：他真的「適合」你嗎？他能夠給你的，跟你想要的愛，是一樣的嗎？

你沒看錯，你真的見過那場愛的真心，大多數的愛在剛開始的時候也都是真誠的。後來讓那場愛消失的，並不是因為它是一個謊言，而是終究我們都還是敗給了生活。

要「適合」，才能一起生活。適合，不一定是兩個人的個性相同，而是彼此都聽得懂對方的在乎跟想法；適合，並不是我們都很完美，而是我需要的，剛好就是你能給我的；適合，不是只有我們此刻相處的自在，而是我們竟然可以那麼容易就明白了，原來我的人生想去的、跟你一直夢想著的，是同一個地方。

於是我們也才懂得了「適合」的無法假裝，你可以選擇退讓，告訴自己那就是愛的「磨合」，可是你無法阻止也正在同步被消磨掉的愛；你可以努力容忍，說服自己那就是愛的「包容」，可是你無法說服自己那就是幸福。

那不是愛的幻滅，那是一場愛的清醒，是你們在走過一段後的終於醒來。並不是那場愛，不是真的；而是因為那些深刻和坦白，才讓你們明白，那場愛並不是你們要的幸福。

要適合，才能走得遠。放掉一個不適合你的人，是一種成熟，而不是可惜。

　　要適合，才會真的幸福。放掉一個不適合你的人，不是遺憾，而是一種對自己的成全。

　　最讓人捨不得的，是兩個曾經如此相愛的人，為什麼最後還是要分開？那就是許多愛過的人最後的終於明白，「相愛」只是愛的第一道認證，更關鍵的是「適合」，那才是愛最重要的「雙重認證」。

　　也許這才算是一個最有頭有尾的回答：請好好珍惜那個通過愛的「雙重認證」的夥伴；沒有通過的人，也請好好讓他走。因為讓兩個不適合的人，各自去努力幸福，而不是彼此為難，那才是愛最希望我們做到的事。

一個懂得欣賞你的人，
會因為擁有你而驕傲，而不是鄙夷

不需要對那個人證明，
你有多愛他。
對你有心的人，
一定也會看見你的心。

不需要說服任何人，
你有多值得愛。
懂你的珍貴的人，
一定早就在你的身旁。

無心的人，不會感動；
不在乎的人，不會可惜。

把珍貴的人生，先留給自己，
讓自己活得尊嚴而美麗。
你會等那場相遇。
一個懂得欣賞你的人，
會因為擁有你而驕傲，而不是鄙夷。

幸福是「絕對」，
而不是「相對」

　　「角子，我有兩位新的追求者，都是在交友平臺認識的，他們各有不同的吸引力。A小我三歲，國中老師，但感覺很忙，常常搞神秘；B跟我同年，科技業主管，上下班及休假都固定。我不知道該選哪一個？請角子給些建議好嗎？」我一看見這封讀者的來信，就忍不住笑出來。

　　因為我發現自己竟然有那麼幾秒鐘，真的在幫她選。

　　我沒有靈通，對這位素未謀面的讀者的個性更是全無了解，要怎麼選？唯一能確定的，是她對我的相信。就像你的好朋友對你的相信，就像你的好朋友也曾經問過你：「我該選哪一個呢？」

　　而我們在當下，也經常會真的就幫朋友選了，就像在幫他選一件衣服，或者一雙鞋子那樣。

我們對於愛「相對」性選擇的習慣，不知道是從何時開始的。你遇到一些追求者，在跟他們相處後，你把他們拿來作比較，然後選出那個「相對」來說比較好的，可是後來，你又發現一些問題，於是你們分開。然後你會遇見新的對象，你選擇他的理由是因為他完全沒有前任的那些問題。在交往一陣子後，你會發現新的問題，然後分開……你很忙，你的愛情幾乎沒有間斷，可是即便那麼忙，你還是沒有找到幸福。

　　因為你選擇幸福的標準是「相對」的，是在幾個人選裡比較，然後選擇出一個來交往；因為你後來再選擇新的對象的標準，也經常是「相對」的，在比較之下，他只要沒有前任的那些問題，就可以試試看那會不會是幸福。

　　可是幸福的定義卻是「絕對」的，他能不能跟你溝通？懂不懂得互相？跟你有沒有共同的目標……你可以在後面繼續填上你對幸福的定義，然後讓那個答案是「絕對」的，讓它成為你選擇幸福的唯一標準。

　　從此我們對於愛的選擇只有「是或不是」，只有他是不是真的符合你想要的幸福的標準？我們不是非要多選一，不一定要在幾個人裡面選出一個，如果他們都不是，那就都不要選；而你要選擇的下一個人，也不是只要比你的前任好就可以，他必須是那個可以給你幸福的人。

要在賣場裡選擇出一件適合自己的衣服或鞋子，可以是一件快樂有趣的事情，選對了，就多穿個幾季；選錯了，也沒有太大的關係。可是「幸福」卻是一輩子的事，如果是要決定你一生幸福的事情，就不能只依靠情緒，還必須有標準。

　　你可以繼續不斷地用比較法，在那一個又接著一個發生的戀情裡，尋找下一個「相對」來說比較好的對象；你也可以盡快地確認出自己對於幸福的「絕對」標準，讓許多沒有必要的發生，就真的不必發生。

　　你可以選擇在情感的路上，因為那些比較的探索，而把自己搞得心神不寧、磁場混亂；你也可以堅定立場，把珍貴的時光，先留給自己，而不是那些寂寞的過客。等到那個人真的出現，你不會錯過，而且你一定很快就可以判斷跟知道，因為幸福一直是「絕對」，而不是「相對」。

別讓錯的人，
占去了你幸福的額度

你寧可先把心上的位置，空在那裡。
關於幸福，你只有一個位置而已。
那是你的慎重，
要真正值得你守護的人，你才會讓他坐上去。
那也是你的堅持，
在他還沒出現之前，你會先好好守護自己。

沒有暫時和將就。
把錯的人，放在那個位置，
就是接下來一連串錯誤的開始。
就是自己放棄了真的幸福來臨的可能。

別讓錯的人，占去了你幸福的額度。

你會先一個人，讓心活得平靜而美麗。
那才是你的人生最重要的事情。
你會堅持等那個跟你一樣確定的人，
不管多晚，都沒有關係。

願意「承擔」的人，
才能給你真的幸福

　　他已經離開，可是你還沒辦法放下那份感情，因為你覺得他對你應該還有愛，就好像你也還依然愛著他那樣。

　　你還在等，等某種可能發生。你覺得只要兩個人還有愛，就不應該分開；只要愛的星火尚存，就還是可以再次燃燒起來。你見過那場焰火，當時的你們在那場光熱裡，曾經那麼快樂。

　　你回想起那份愛，從一開始就那麼順利，你們一起做了好多事情，每件事情都好開心。你覺得你們應該很合，因為只有很合的人，相處起來才會這麼愉快。直到你開始對那份感情有了更多的期待，直到你開始想跟他擁有更多的人生，你覺得除了快樂的「現在」，你們也應該要計畫一起努力的「將來」。

　　你們的歧異應該就是從這裡開始的——他覺得你想太多，覺得你不再像一開始那麼輕鬆自在，直到那天他對你說你讓他「壓

力很大」，他開始覺得「不快樂」。他說話時的眼神、眼神裡的憤怒，他沒有任何抱歉，他真的覺得錯的人是你！是你的要求，害他做不到；是你的貪圖，最後毀掉了這份愛。

你想過那也許真的是你的錯，如果你不曾提出那些要求，就不會有後來的那些爭執，也許你們現在還是快樂的。可是你也明白，就算你沒有說出那些對將來的期許，就算你們依然存在於當時的快樂，那些快樂也只會越來越不踏實，那些快樂，還會是真的快樂嗎？

你檢討過自己的貪圖，但你真的問心無愧，你所有對那份愛的期許都是雙方的。甚至，你也只要看見對方一點點的努力，就願意付出你的全部。你絕對不是一個愛計較的人，你要的不是「公平」，你要的只是「誠意」，是當你努力，你知道對方也正在為這份愛努力；是當你仰望未來，不管快樂或辛苦，你知道他都一定會跟你一起站在那裡。

而你又是為難了自己多久，才突然真的聽懂了他的那句「不快樂」，其實真正的意思是「不願意」。是的，他真正的意思是：我只想要快樂，我「不願意」承擔那些責任。

你見過許多大街上的戀人，他們看起來都很快樂，可是能一起走到最後的並不多，所以我們看見牽手同行的老夫婦，才會那

麼感動。那是因為我們都明白，他們可以走到今天，絕對不只一起走過快樂，也還要能夠一起走過辛苦。那就是「幸福」的真相——每份愛都是從「快樂」開始的，可是一定是因為後來還願意一起「承擔」愛的責任，願意給出可靠的肩膀和堅定的心，於是才讓那份愛足以抵擋人生的風雨，於是才讓這份愛，終於成為「幸福」。

一個只想要「快樂」的人，本來就不會陪你走完愛的全程。並不是你的要求，讓他變得不快樂。而是你對未來的期許，讓他現形，原來他要的一直都只是短暫的快樂而已。

你一直在說服自己他應該還有愛，是的，他也許對你還有愛，可是那份「愛」，永遠都無法成為「幸福」。

你珍惜的那場相遇，他不會覺得可惜的，因為只想要快樂的人，總是很快就會出發去尋找，下一份快樂。

於是你也應該開始為自己放下，因為真正珍貴的，並不是相遇，而是那顆還想跟你一起去尋找幸福的心。下一次，你會認得，幸福真正的樣子：

願意「承擔」的人，才能給你真的幸福。

慢慢走，才會到

人生很長，你要找的，
是一個可以陪你慢慢走的人。

你沒有要他走很快，
因為你知道再多的承諾，
都比不過他總是在你身旁。
你沒有要他給你很多，
因為你知道給得越急促的人，
收回的速度也越快。

你不急，你喜歡兩個人總是可以慢慢走，
你不求快，你要的是珍惜，
珍惜兩個人一起走的每一步。

慢慢走，才會到。
因為你知道所謂的「一起」並不是永遠步伐相同，
而是我等你、你等我，
最後才能「一起」走到幸福。

Story 4.

當渣男戀愛時

「角子哥，今晚直播要談『渣男』，可不可以順便把『渣女』也談一談？現在有些女生，在外面也玩得很兇喔！」就在我剛在 IG 公布直播主題是「渣男的十個特徵」後的幾分鐘，這則訊息飛進我的 IG 收件匣裡。

兩天後，我跟 Vic 隔著「春水堂」的透明隔板坐著，我們只有一個半小時可以聊，因為新冠肺炎疫情，許多餐廳都提早打烊，這間店已經算是開到比較晚的。

「你說你是渣男？」我是這樣開場的。

「嗯，算是吧！」回答我。Vic 算是一個條件很好的渣男，超過一百八十公分的身高，單眼皮、懸膽鼻、菱角嘴、白淨的皮膚，看不出來像渣男。然而，渣男有一定的樣子嗎？如果有，也就不會有那麼多傷心人被騙了。

「因為前兩年，我幾乎什麼都『玩』過了。」他說。

「譬如什麼？」我問，我承認我對這種「玩」的想像力並不強。

「換妻、性愛派對、交友軟體約炮，都玩過，而且我發現自己還滿在行的。」他說。

「可以形容得更具體嗎？這樣很抽象。」我說。

「就是每天都可以約不同的女生上床，最高紀錄一天見三個，而且大多數跟我玩過的人，都還會再跟我約下一次。」

「這樣啊……」我吸了一口冰茶，努力表現得像他一樣輕鬆平常，然後繼續問：「有發生過什麼印象深刻的事情嗎？」

「所以我才跟你說現在外面女生也玩很兇，不是只有男生而已。我參加過十幾個人的性愛派對，裡面男女差不多是七三比，沒有人被逼迫，都是自己高興來的。喔，印象比較深刻是有一次，朋友找我跟他老婆，還有另外一個朋友一起拍性愛片，就是我朋友自己掌鏡，拍攝老婆跟自己的兩個兄弟 3P 做愛，最後把影片上傳到他老婆的直播平臺。」他說。

「然後誰都可以看見？」我問，覺得自己快昏倒了。

「只要刷卡買點數，就可以看。」他說。

「那他們有讓你抽成嗎？」我不知道自己為什麼會想這樣問。

「沒有耶！而且那天賓館費還是我出的。」他說。

「那個直播平臺叫什麼？那個影片還在嗎？」我問。

「還在啊！你想看嗎？」他突然問我。

我一下子愣住了，我想看嗎？我該看嗎？我應該為了這個真

實故事，去看看那支影片嗎？

「然後你就在那些『活動』裡認識她？」我問。
「不是，小彤是我在直銷公司認識的。」他說。

本來一直在家族企業工作的 Vic，有陣子跟家裡的人處得不好，於是經由朋友介紹加入直銷公司，他在公司的訓練課程裡認識小彤。

小彤的個子不高，甚至有一點肉肉的，可是她笑起來很甜美，Vic 覺得自己應該可以找到條件更好的女生，可是他就是喜歡她。

Vic 知道小彤有男朋友了，所以他們一直沒有太多交集，直到他們一起參加了公司的出國旅遊，他們在那次的旅行裡聊了許多，她說在出國前夕跟男朋友大吵了一架。在回國的前一晚，小彤看起來很累，Vic 毛遂自薦說自己很會按摩，於是她去了他的房間，讓 Vic 幫她按摩按了兩個小時，她在他的床上被按到睡著，他們除了按摩，什麼事都沒有發生，直到清晨她才回跟媽媽一起住的房間。

第二天回國，她的男朋友因為吵架沒有來接機，他陪小彤送媽媽回家，再幫她把二十幾公斤的行李箱扛到公寓六樓，她後來跟他說，這件事情讓她很有感。

所以回國後沒幾天他們又見面了，而且這次，發生了關係。

是的，Vic 正式成為了「小王」。

「我覺得那應該是她最愛我的一段時光。」他回憶著說。

就在這個時候，春水堂的店員走過來對我們說：「先生，不好意思，我們要打烊了喔！」

在 Vic 去上洗手間的時候，我先走出茶店。疫情期間，才九點半的南京東路，已經人車稀疏。

我突然想起他之前給過我小彤的臉書連結，我點開連結，將時光倒轉到他們剛認識的那陣子的文章，上面果真出現了那幾天她出國玩的照片。她的發文並不頻繁，但每張照片都是精準擺拍過的。雖然臉書只有幾百個人追蹤，但每張照片也都有快兩百個讚。這種稱不上網美流量，卻用網美角度在經營的臉書，大多有一種「力爭上游」的人設。

就在出國系列的前一篇發文，那是她的生日慶生照，裡面的她跟前男友穿著紅色的情侶裝，用各種甜美的姿勢展示著自己的幸福。在聰明外露的眼神下方，寫著她的生日感言：

「謝謝大家的祝福！生日願望：希望身邊的人都平安健康；希望自己的事業順利發大財；最後希望歐巴努力賺錢、存錢把我娶回家，公開願望希望大家一起督促他幫我實現。」

結果，一個多月後，她就讓這個她期望能幫自己實現願望的人戴上綠帽子。

「如果你不介意，我們就在外面邊走邊聊？」我對著剛走過來的 Vic 說。
「好。」他說。
「後來，你們就在一起了？」我問。

在回國的一個多月後，也就是一月份的時候，小彤跟男友分手了。

只是，他們算「在一起」了嗎？ Vic 一直不知道他們算何時開始「在一起」的？

如果以發生關係來看，算；如果以彼此「老公、老婆」的稱呼來看，也算；但如果要用小彤的臉書來看，她是直到那年七月份才第一次公開他們的照片，而且只有身影，沒有 Vic 的臉。

在這個社群媒體流行的年代，就像書寫一本早就知道會有觀

眾的日記，我們很難絕對誠實，與其說那是我們「真實」的人生，倒不如說那是我們「希望」的人生。真實人生的情緒經常是很難定義的，可是到了希望的人生裡，卻可以被清楚地勾勒，譬如個性、喜好、選擇，甚至是相愛的證明。

樂觀、力爭上游是小彤在臉書上的人設，是她最「希望」的人生；可是她「真實」的人生是，她有一個愛賭博的弟弟，她必須努力賺錢幫他還債，還有要提供媽媽家用。

所以她才會一直在開斜槓，除了在診所的助理工作之外，還要努力兼職。

有一天，她跟 Vic 說有個同事介紹她去影音平臺做直播主，如果做成功，會很好賺。

「我知道那個平臺，那不是什麼好地方，上面一堆女生在露，要觀眾打賞。而且那個女同事還教她，真的想賺錢就是下猛藥，拍最腥羶的影片，然後再私下露點給花錢最多的人看，當作獎勵。」他說。
「因為你是『渣男』，所以很了解？」我說。
「是啊！那是個大染缸，去了就很難回頭，所以我很反對她去，但是她很堅持。最後我要她答應我一個條件，就是不可以做出讓我傷心的事情，她也同意了。」他說。

而所謂「會讓他傷心的事情」，就是小彤可以穿性感內衣入鏡，但是不可以露胸。而且她穿過的每一件內衣，他都要是第一個觀眾。

　　聊到這裡，我突然覺得自己走進了一個詭異的世界。那裡面有努力，又好像很輕易；有原則，又好像可以隨時被打破；看起來很理性，又其實幼稚得可以。

　　小彤真的開始拍影片了，聽同事說要穿漂亮的內衣才有人看，Vic 還幫她買了許多昂貴的內衣，他真的成為第一個看她穿的人。

　　小彤的業績不算好，三個月下來，一共才進帳三萬多元。

　　「我每個月給妳一萬，妳不要做了！」Vic 曾經這麼對她說。

　　小彤拒絕他，說是不想欠他，想再努力看看。

　　結果小彤的所謂「再努力」，就是又多拍了好多影片，裡面許多內衣 Vic 都沒有看過──那是某天 Vic 心血來潮，點開了她忘記登出的帳戶發現的，他看得目瞪口呆，他最無法接受的是那些她私下饋贈給大戶的畫面，是的！她沒有像那個女同事誇張露點，她穿著白色的薄 T 恤，裡面沒有穿內衣的胸形那麼明顯，她

對著鏡頭搓弄自己的胸部……

「會有哪個男人受得了自己的女朋友對別人這樣？!」他說。

「這是何時發生的事情？」我問他。

「五月。」他說。

「可是她不是直到七月才在臉書公開你的身影，所以你當時已經算是她的『男朋友』了嗎？」我問。

以「關係」來說應該是的，否則小彤不會在被發現的第一時間就跟 Vic 道歉，她哭得淅瀝嘩啦地，甚至還跪下來跟他說對不起，當他看見小彤突然跪下來的時候，還真是嚇了一跳！

Vic 口頭上是原諒她了，但他無法假裝沒有受到傷害，那陣子他很難相信她，有時候甚至還會在言語上嘲諷她，終於有一天她吼著對他說：「你憑什麼管我！我有說我跟你『在一起』了嗎？!」然後就摔門走了。

聽到小彤這麼說的時候，他愣住了，他們如果不是「在一起」了，那這一切是什麼？

這份關係，從一開始就是點狀跳躍的，他們快速地發生了關係，男歡女愛是他們的自由，可是他們不是僅止於此而已，他們還馬上成為彼此口中的老公老婆。那些平常人要一步一步走的

路，他們用幾個跳躍就跳過了！可是真正的愛是需要漸進的過程的，需要時間去相處和確認，對方是不是真的適合你？是不是真的跟你一樣堅定，願意一起去保護和耕耘這份感情？

幸福，不是只有「名分」而已，不是互稱了老公老婆，就一定會幸福；幸福是「有心」，是兩顆願意由淺而深的心，才能在生活中咀嚼出幸福。

無法取巧與作假，沒有過程的愛，就像沒有時間扎根的苗，風一吹，就倒了。要拿一份沒有基礎的感情，去對抗世俗的誘惑，又是多麼讓人力不從心的事情。

所以這份感情才會一直時好時壞，他們在那些彷彿隨時都可以穿越的時空裡，可以一下子親密，也可能在下一秒就疏離。所以這份關係才會一直風風雨雨，他一直以為自己是在為她遮風擋雨，但他在身旁一直提醒她的、經常也等同於在監視著她的，更像是她力爭上游的阻礙和風雨。

他們後來的爭吵，幾乎都是因為小彤直播的工作，Vic對她從來沒有真的放心過，每當他不放心的時候他們就很容易又吵起來，每次爭吵他就會想起那些讓他心碎的影片畫面。

終於他們在十二月分手。

唯一見證過那場愛情的，是她七月份在臉書上放過的那張他們的剪影照。分手後她馬上刪除了那張照片，那是她最後一件為那份愛做的事情。

　　「所以你希望能夠挽回她？」我問他。「可是她不是已經又交新的男朋友了嗎？」我繼續說。

　　「她如果願意回來，當然是最好。如果不行，我希望她起碼也要針對拍了那些影片，跟我發自內心地道一次歉，她答應過我，不會做出讓我傷心的事情的。」他邊說邊看著前方，再次露出了那個又堅定、又困惑的眼神。

　　我看著他，看著這個固執的人，我想我很難在這個時候說服他：感情的重點，從來都不是「對錯」，而是「愛或不愛」。他都已經不愛你了，還會在乎對錯？而你希望他回來跟你談的，又真的只是對錯，還是你其實是更想在那些對話裡，找到更多的機會，說服對方再回來這份愛？

　　我知道 Vic 還愛著她，不然他不會今天還站在這裡，可是要一個人回來的理由，一定是因為「愛」，而不是因為「錯」。是的，他也許對不起你，但那又怎麼樣？在交往的過程裡，一個人只要對你沒有犯下法律的錯，那他就可以自由離開。而那些會在感情裡糾結著是對方的錯的人，幾乎都是因為還愛著，可是他們連對

方的屁都為難不到，他們最終只能在反覆的想念與怨懟裡，一次又一次地凌遲自己。

「你不是『渣男』，渣男不會因為感情而傷心。」我對 Vic 說。「而且嚴格來說，這份感情也才幾個月而已，對不對？」我問他。

「嗯。」他回答我。

「可是你後來為了這份感情又傷心了十個月，你怎麼會是渣男？」我笑著說。

他忘記了，在兩年前他曾經玩得那麼瘋狂，可是這兩年來，他一直停在這裡，他說自己已經不想再過那樣的日子了，他怎麼會是個渣男？!

可是，我也不覺得小彤是渣女，因為她沒有貪圖 Vic 的錢，也沒有刻意欺騙他的感情。我寧可認為，在一開始的時候，她也曾經期待過這份感情，最後可以成為幸福。

也許，對她來說，在她「希望」的人生裡，「感情」是她最快能夠先擁有的事情。先擁有一份感情，擁有一份安定的安全感，於是就可以好好去打拚事業跟照顧家人。所以，她的感情才會一直都沒有停止。之前，無縫接軌了 Vic；又在跟 Vic 分手的兩個月後，交了新的男朋友。

只是她忘記了，感情不是擁有了，就一定會成為幸福。更不是先騎驢找馬，在一場又一場的短打裡，徒然虛耗了自己跟對方的青春。

也許後來會更容易幸福的，並不是那個很快又找到感情的人，而是那個後來用一場傷心、用一段一個人的生活，把事情好好看清楚的人。看清楚什麼才是你真正要的感情，什麼樣的人，才值得你用真心投入。

我努力地用淺白的話語說給 Vic 聽，他曾經跟我反應過，我在直播裡有些話太複雜，他聽不太懂。

「就是一個危機就是轉機的概念，對嗎？」他突然轉過頭看著我說。

「哈，對。」我說，真好的比喻，我直播也要這樣說。

我看了一下錶，半夜十二點半了，我們竟然在馬路上聊了三個小時。

「老師，這個是我的心意，我不知道怎麼在臉書直播裡買星星，我也想跟大家一起做慈善，這個給老師一起拿去捐！」突然塞了一個紅包給我。

「哈，就像看影片刷卡那樣，就可以買了啦！」我又把紅包放回去他的口袋。

在騎腳踏車回家的路上，我看著這個自己生活了幾十年的城市還有這個城市的人，我曾經以為很熟悉，卻其實好像還陌生，原來在這個城市裡，還有不同的世界，還有那些我從沒想過的人。

也許跟對錯無關，而是跟選擇有關，那是他們選擇的生活，那是他們選擇的相信，我們一樣在這個城市努力著，同樣相信，自己的夢想終有實現的一天。

我想那就是這個城市的脈動、這個城市的寬容與自由。

這算不上是一個深刻的愛情故事。但我覺得它極有機會是一個幸福的前身，那是一個渣男在一場傷心的後來，終於懂得什麼是愛的故事。

你會先為自己綻放，
再給懂你的人欣賞

「角子，我跟你的許多讀者一樣，用你的書跟 Podcast 陪我走過傷心，但跟他們截然不同的是，我是這段感情中的那個『錯』的人，我傷害了他，我不知道該怎麼原諒自己⋯⋯」我看著這封信，不是只有被分手的人才會受傷，這是一個提出分手的人，後來的後悔跟傷心。

她說他們是大學班對，從大學時代就一起生活。畢業之後，他們回到各自的老家居住，雖然還是住在同一個城市，但是因為工作，所以變成只能在週末見面。

畢業後，她進入職場、男友入伍服兵役，那應該就是那份感情開始變化的時間點。等待男友退伍的光陰如此漫長，所以一整年她把全部的心神都投入工作，她能力強、加上努力，所以很快就得到老闆的重用和升遷。

當完兵回來的男友，找尋工作並不順利，退伍三個月了，還找不到工作。她不知道究竟是他運氣不好？還是不夠積極？最後她鼓勵他進入跟自己相同的產業，他終於找到工作了！她以為一切都會開始好起來，沒想到在工作了一年後，他因為不喜歡這份工作，於是離職，又開始在家待業了半年。

　　男友有學貸要還，每個月還要給家裡生活費，沒收入讓他壓力很大，但是他並沒有因為這樣而積極，反而意志消沉，過得渾渾噩噩的。一開始，她努力陪伴他、給他鼓勵。她知道他個性散漫，能力也不是很強，可是這些年，男友也沒有對不起她。她經常回想他們大學四年美好的日子，但即便如此她還是很難阻止自己，她開始在潛意識裡不欣賞他，甚至漸漸對他失去耐性。

　　因為男友沒有收入，他們後來約會的方式變得越來越簡單，甚至頻率也因此變少。她喜歡旅行，那些國內、國外的旅行，她都是跟同事、朋友一起去的。

　　她應該要覺得罪惡嗎？她應該要因為男友，而不再去旅行嗎？她是真的想過這個問題，每當她又計畫著下一趟沒有他的旅行時，他總是溫柔地說：「好好去玩，注意安全。」

　　她知道男友難受，可是他從來都不說什麼，他們的關係越來越像一潭湖水，表面上看起來那麼平靜，可是湖面下有那麼多複

雜的情緒正在滋生。直到那個「分手」的念頭突然在她心底湧現的時候，她被自己嚇了一跳！她沒有想到這份已經走了七年的感情會變成這樣。她一直以為他們會一直走下去，然後結婚、生子，就這樣一輩子。

「角子，你看過日本電影《花束般的戀愛》嗎？裡面有一句對白：『當你一旦想過要分手，就像想剝掉傷口上的結痂一樣，會越來越想……』」她說那就是自己後來的心情。

終於，她跟男友提出先分開一陣子的協議，男友同意了，但他希望還能繼續做「朋友」。也許是因為都還捨不得這份感情，於是他們開始用「朋友」的身分繼續相處。在後來的一年半裡，他們是「藕斷絲連」的朋友——在已經分手的時空背景裡，還是進行著情侶的關係。跟從前的差別是，他不會再因為她的忽略而傷心、她週末也不會再去住他家、他們彼此的身影也沒在對方的IG上再出現過。

那天，當她看見他發來的訊息，說他在交友軟體遇到一個喜歡的女生，決定要跟那個女生在一起的時候，她竟然對著手機螢幕大哭起來。

「直到他愛上別人的這一刻，我才發現自己並不想失去他，我會吃醋、會難過。

我覺得自己很糟糕，這些年，不但沒有陪他走過低潮，還因為自己的順利而自大。我就這樣失去他、失去這份七年的感情，我真的很難原諒自己。」她在信裡傷心地說。

在求學的時候，在那個可以把「愛情」當作主題的時代，校園就像是一個愛情的溫室，很多夢可以在裡面順利地生長。直到我們步入社會，我們才發現原來除了愛情，生活還有那麼多方面需要考慮。那不是生活的現實，而是務實，更是對於那份感情的真實考驗。

你可以說，「愛情」只是人生的一部分，人生還有許多事情需要去完成；但我卻更想說，真的適合你的愛情，就會融入你的生命的每個部分。

真正的愛情是可以攻也可以守的。你們不只可以一起浪漫地眺望星空，也可以一起務實地面對生活裡的柴米油鹽；不只可以狂奔天涯，也可以一起安步當車地走向兩個人計畫的將來。

你等過他，甚至願意暫時停下步伐，等他追上來。就像她從他去當兵後就開始等他，等到他一年後終於退伍，又等了他兩年，希望他可以追上她的人生。

也許真正的事實是，並不是你不想等他，而是他不在乎你正

在等他；並不是你不肯陪他走過低潮，而是他不認為自己應該更努力，去讓你值得更好的對待。

有時候並不是你等不到那個人，而是你們根本就擁有不同的人生。

從前那段，是你們人生路程重疊了一段的緣分。你不是不想珍惜那場緣分，否則你也不會多所盤桓。你更不是想撇清對他的責任，你也曾經想對那份愛負責。但如果努力到最後，並不是兩個人一起前進，而是兩個人一起停滯——如果那份愛到後來已經困住你們，那解開你們之間的連結，也許才是你們彼此，對那份愛最後的責任。

「其實這份感情早在一年半之前就停止了，你們只是先卸除彼此『情侶』的身分了，暫時逃避了對未來的壓力而已。也只要你們再度回到原來的身分，所有的問題就都會再回來。」我開始回信給她。

因為大多數情侶的下一步，就是結婚。可是你心底也明白，這份感情從校園到進入社會，你在那些現實的考驗裡越看越清楚的是他的不足，他可以天分不足，可是他不能努力不足。

你當然還是愛他，可是這個階段跟愛無關，跟「責任」有關。

你們更重大的責任，是一起為將來努力，那是你對這份愛的期望，因為這樣這份感情才會有未來；可是那也許並不是他的期待，他要的只是陪伴，否則他不會後來，又選擇了另一個新的女孩。

「妳不是自私，妳是自愛，沒有人要求妳，可是妳還是願意努力讓那份感情更好，讓這份愛接下來可以走上結婚、生子，兩個人走一輩子；妳不是自大，妳是太為難自己，因為妳不只扛起了自己的將來，還想負責他的人生。但也許，那並不是他想要的人生。」

你可以等他一陣子，可是你無法等他一輩子。你可以為了一個人暫時不要進步，但是你不能忘記你也有自己的人生。

每個人都只有一次人生，我們在那一次的人生裡，想做到的、想圓滿的事情很多，但最重要的，還是要先實現自己。因為只有自己才是你人生裡真正的永遠，也只有自己才是你生命裡從頭到尾最重要的人。

你在愛情裡後悔失去那個人，你終究會看清楚的，是因為你們想去的地方不一樣，所以才會分開；在愛情裡愛到失去自己，才真的會讓我們後悔終生。

如果你是蒼鷹，那你就該振翅去飛；如果你是鯨豚，那你就

應該盡情去探勘海的可能。因為那才是你真正的人生，才是你對自己最重要的責任。

去探索、去冒險，去發現自己生命的可能，於是我們也才面對到，在實現自我的過程中必須相對地割捨。是的，割捨會傷，而且經常很疼，最終還會在我們的人生裡劃下一道傷口。

「角子，你看過日本電影《花束般的戀愛》嗎？裡面有一句對白：『當你一旦想過要分手，就像想剝掉傷口上的結痂一樣，會越來越想……』」我突然想起她問的問題。

我沒看過那部電影，但我很有感那個「結痂」的說法，而且就像大多數人那樣，真的無法等到它自然脫落，就會把它摳下來——我們不是不懂，我們是心底明白，就算太早把它摳下來，後來傷口也一定會好；「分手」也是，我們終於提出的分手，就算太早，也是因為我們知道，我們遲早都會分開。

因為成長而受的傷，後來一定都會好的。因為你知道最美好的愛，是兩個人一起在那份愛裡變得更好，而不是一起沉淪。最恆久的喜歡，並不是容忍，而是彼此欣賞。最美好的人生，從來都不是來自於別人，而是你真的完成了對自己的實現。

你會努力，你會堅持，那是每個人的人生，最優先要為自己

做到的事：

你會先為自己綻放，再給懂你的人欣賞。

付出一些代價，
去成為你想成為的人

在每一次的尋找裡，
找到更多的自己。
越來越相信你可以，
你絕對值得更好的對待。

關於幸福，你從不貪圖。
不屬於你的，你就不取。
你會等。
你知道每個人都有他該走的路，
都有屬於他的幸福。
付出一些代價，
去成為你想成為的人。
那才是你的人生最美好的事。

你會一直這麼堅持，
在自己的生命裡努力。
別人不懂沒有關係，
只要自己明白就可以。

「喜歡」很容易，
「珍惜」才難得

　　「角子，我真的放不下他曾經對我的好，過去三年我是如此地幸福，我知道他是真心喜歡過我的，我還在等他，還想為這份愛再努力一次……」我看著這封讀者的來信。

　　是的，那個人都已經離開，可是他還留在那份感情裡。他說自己經常點開他們通訊軟體的對話紀錄，看著那些過往的甜蜜對話。一次又一次重複聆聽，他曾經在裡面留給他的語音。那些記憶都還那麼鮮明，可是軟體上面顯示「在線上」的那個人，卻再也不曾給他發過隻字片語。

　　那就是傷心的人曾經因為「想念」而默默做過的事，每個傷心人都有一個關於「想念」的故事。你想起自己的那個故事了嗎？

　　我相信那一定也是一個動人的故事，裡面一定也有一份真心，和讓人心疼的堅定。那些故事的情節也許各有不同，可是讓

他們堅定的理由都一樣，都是因為在過程裡千真萬確地見過，對方曾經對你展現過的「喜歡」。

那就是每一場感情裡，都一定出現過的「喜歡」——可是大多數的感情，後來都沒有成為幸福。所以「喜歡」是愛的條件，卻絕對不是幸福的關鍵。而那些最後成功走到幸福的人，我們在他們的愛裡看見的除了「喜歡」，更重要的是「珍惜」。

是我從「喜歡」你開始，後來又更「喜歡」我們在一起的感覺，我希望可以永遠地保有這個感覺，那就是「珍惜」。

「喜歡」只是一種抽象的感覺，所以喜歡也可能突然變成不喜歡；可是「珍惜」卻是一種具體的擁有，一個想珍惜這份感情的人，才會一直努力在你身旁。

是的，他「喜歡」過你，也許他沒有騙你，他對你的喜歡也的確是真心真意，只是在相處過了之後，他並不想「珍惜」，那是比起他的喜歡，後來更千真萬確的事。

是的，他後來「不喜歡」你了！你可以說他「無情」，但他起碼沒有騙你，感情裡的「無情」，其實是一種誠實，更是一種務實，他後來連一秒鐘都不想再耽誤你們彼此。

也許，你還想努力，可是面對一個不想珍惜的人，你還有什麼可以給予？

也許，你還想再等，可是一個在當時就不想珍惜你的人，就算後來又回來找你，又怎麼可能會對你真的珍惜？！

他沒有騙你，於是，我們也該停止騙自己了！別再執著在那些我們曾經看見過的「喜歡」。更不要因為珍惜那些過去的「喜歡」，而繼續忍受對方對你的不珍惜。

你還是可以繼續珍惜那些「喜歡」，就像我後來選擇把它放在心底，也許那才是保存「喜歡」最好的方式。那是多年後當我回頭，當那些痛都已經模糊，可是我還記得，在我的青春裡、在我追尋幸福的過程裡，有個人喜歡過我，那曾經是一個美好的故事。

多年後，我開始喜歡當時的那個結局，謝謝你讓我明白了「『喜歡』很容易，『珍惜』才難得」的道理。謝謝你沒有耽誤我太久，才讓我後來遇見了那個珍惜我的人，得到了真的幸福。

相信那些流淚的過程，
時間最後都會讓我們用微笑收成

每個人都一樣。
都會在人生的每個階段，
遇見新的問題。
都必須經過，
那些我們不想經過的過程。
欣然接受，那些生命的轉折。
相信那些流淚的過程，
時間最後都會讓我們用微笑收成。

可以軟弱，
但也要相信自己的善良，
最後一定會被上天善良地對待。
可以後悔，
但也要相信自己當時的選擇，
一定也有它成立的理由。

大多數的長大都是辛苦的。
勇敢的起點，經常也都是脆弱的。

我們都一定會好的。
不是世界變好了，
而是我們看世界的角度更寬闊而寬容了。
不是運氣變好了，
而是我們真的相信，
我們最後都一定可以踏出一條路，
看見更好的世界。

vol.11

誓 言

　　親愛的，二十多年來你在我的心底曾經出現過千萬次；這卻是我在那個夜晚之後，第一次回到旗津。

　　我還記得那一夜在從旗津回高雄的渡輪上，約莫是十一月的深秋，海風好大，毫不留情地打在我被海水浸濕的衣服上，我止不住發抖，但我還是用盡全力，讓自己看起來很平常。你站在我附近，你已經換上了他幫你準備的新衣，你已經忘記，我就站在這裡。

　　我還記得當時在心底一直出現的那首歌，那是黃大煒的〈乘著風〉，那是我對你的遺憾、想念，還有我自己其實清楚地知道，也是我即將對你的告別。

　　親愛的，我只有在那一晚、在你身旁時真的忍住了我的眼淚，後來，在那些許許多多後來的日子裡，當我聽見那首歌，都還是

會掉淚。

「當你忘記我的時候，不要以為我也會忘記你，無論我何在。」這是整首歌裡我最喜歡的歌詞，也是我在這段感情裡，最有感的自覺。

我們曾經那麼快樂，快樂到整個世界只剩下我們。我知道，這點我從不懷疑，我知道當時的你也是快樂的，你也曾經用力燃燒，你只是沒有我勇敢；你只是無法像我這般堅持，全世界我就只要你。

所以即便再快樂，我知道時間到了你就會離開；所以就算曾經捨不得，時間到了你也可以把我忘記。

我很傷心，但我從來沒有想怪你，因為我知道在某個時段你也曾經跟我一樣困惑。我看著他一步一步地走入了我們的生活圈；一步一步地以朋友的名義，滲透著愛情的企圖。每一個行為的動機，我都看在眼底，那不是愛該有的卑鄙的樣子，我瞧不起他，但我也不怪他，因為這一切最後也是你選擇的結果。

親愛的，當我聽見你說你兩份感情都想要的時候，我很訝異，因為你其實並不聰明，貪婪要有天分，而那也不是我曾經喜歡的你。

於是，請容許我把它解釋成，也許你也真的有一點捨不得。

於是，我終於也可以試著努力感謝。

就好像我剛才在旗津的沙灘上，站在一起來的這群朋友裡，你突然跑來我身邊跟我說：「一起下來玩啊！」我說好，這一路一直是這樣的，你說什麼我都會說好。

「敢不敢一起走到海裡？」我突然問你。
「怎麼不敢？!」你回我，然後讓我拉著你的手往前，我們直直地往前走，讓海水從過膝，到過腰，一直到都快高過脖子了，你突然問我：「你玩真的喔？」然後就笑著往回跑了。你沒有聽到我的回答，又或者你根本不想承受我的答案，我一直都是真的。親愛的，我在那一刻是真的可以跟你一起死的。

如果那是我的情真，那代表那份愛真的如此美好，那我也可以真心感謝，謝謝你還是鼓起勇氣陪我走過了那片海，謝謝你也曾經陪我走到這裡。

那是我第一次去旗津，在去之前我不知道自己後來會如此傷心，更不知道那個夜晚的旗津後來會有如此的意義。

後來，我一個人濕漉漉地退到後面，我還記得那是沙灘邊緣

的一堵廢棄的圍牆，我爬上去，在上面抽了幾支菸，我在那一個又一個的煙圈裡，想起我們的從前，很甜也很酸。我在遠方那撮正在嬉戲的人群裡，那麼容易就分辨出那是你們兩個人的身影。我努力不去想以後，眼前那片黑茫茫的海，容不下任何一點我對幸福的想像，我就是在那一刻承認離開。我不是決定，是「承認」，是我真的「承認」，其實你已經作了選擇。

「總有一天，我會帶著那個我很愛他，而他也很愛我的人，再回來這個沙灘。」這是我最後對自己許下的誓言，然後把菸按熄在我的手背上，熄滅了眼前最後的一點點光。

那是我後來一個人很慘的一段時光，我不想多說，因為我想把它珍藏在心底，就算在這麼多年的後來，我還是不想讓你知道，因為我並不想引起你任何的同情，因為我不是因為你，我是因為真的很珍惜那份感情。

我知道你沒有間隙，馬上就走入了下一份幸福。我覺得也許是因為這場也曾經讓你困惑的抉擇，更珍貴了你後來的選擇；我甚至會覺得，是我的退出，單純了你的人生，那讓我們後來沒有成為彼此、或者自己會討厭的人。

那也是我一直想追求的單純，但即便如此我的人生並沒有馬上變成簡單，因為後來我還是又遇見了一些人，又曲折地走了一

些路，然後在那些複雜的情緒裡，每一次都還是會想到你。

我想過為什麼？也許是因為相遇在很年輕的時候；也許是因為那些生命裡第一次的星空、第一次的呼嘯狂奔、第一次的擁抱跟占有......

最可能是因為，對愛，我再也給不出那麼大的勇敢了。

我沒有記得那個誓言，我沒有記得那個旗津的夜晚；一如我後來漸漸淡忘幸福的可能，漸漸忘記我真的值得，被好好愛一次。

直到我遇見他。

直到我在那個夜晚的十七年後，才終於遇見的那個人。

我並不是在見到他的時候就知道他是那個人，我是跟他又一起走過了十二年之後，才知道原來那才是幸福真正的樣子。

我們不是只有快樂，我們也有過許多爭吵，可是從來都沒有人想走開。我在這場關係裡最大的體會是自然，可以自然地走、自然地愛，自然地坦露自己的脆弱，當然也包括自然地跟對方站在一起，面對生命的美好，還有考驗。

原來「單純」並不是一直過著簡單的生活，因為生命不可能一直簡單，而是生活再複雜，兩個人都願意一起面對的心，才讓複雜化成了簡單。

　　原來真的愛，並不是要你單方給出勇敢去證明，而是兩個人都會在那份愛裡，變得越來越勇敢。

　　那些你說過要帶我去的地方，後來他都帶我去了。不只那些，我們後來還一起到了更遠的世界。

　　他不只走入我的生活，還走入我的人生。他不是只有愛我，也願意去愛我愛的人。那些我們帶著爸媽一起出國的旅行，那些他願意跟我一起陪伴爸媽的時光，他不只逗他們開心，也成為我跟爸媽之間的潤滑，他說自己也很享受，因為我爸媽也把他當成自己的孩子。

　　親愛的，那些我們在年輕時自以為的奮不顧身，其實大多數也只是在命運裡的量力而為，我們只有在快樂的時候堅強，卻在面對挑戰的時候不堪一擊。

　　可是我跟他，我們不只一起快樂，我們後來也一起吃苦，那是後來媽媽生病的那段時光，他陪我幾度進出加護病房，面對那場癌症，我從自以為的知識分子，到卑微地只能相信命運，我的

堅強很多、崩潰也很多，他很少多說什麼，他最常做的是突然按按我的肩膀，我知道那就是千言萬語。那幾天媽媽似乎比較穩定了，我們一起走出加護病房，他硬吵著要去附近的饒河夜市吃點東西，我們買了兩個大雞排，一起坐在河堤上，我才吃了一口，就吃不下了，我轉過頭剛好撞見他在偷偷注意我的眼神，然後溫柔地對我說：「日子，還是要過的喔！」

　　媽媽要走的那個早上，我跟爸爸、弟弟站在加護病房的病床邊，我們跟已經陷入昏迷的媽媽說，請她不要牽掛，跟菩薩好好走，然後是他急忙地衝進來病房，我看了他一眼，然後低著頭靠近媽媽的耳朵說：「媽媽妳不要擔心，XX 會好好地照顧我的。」就在那一刻，媽媽的心跳停止了，我知道那就是媽媽的安心，那就是一個母親，最後對這份感情的認定和祝福。

　　然後就是一年多過去了，我們終於在疫情較為舒緩的秋天，答應了朋友的邀約，一起到南部旅行。我們沒有計畫，一切都依朋友安排，當我們逛完駁二特區，發現還有一些時間，突然有人提議要去旗津的時候我很驚訝，我沒想到這趟旅行會去旗津。

　　一個轉身，二十幾年過去了。

　　事實是，我再也找不到那個沙灘和那堵圍牆，現在的旗津跟當時再也不一樣了。

那其實很正常，真正能夠重遊的舊地，經常也只存在於記憶裡。

就好像後來我也看過臉書上的你，你跟當時看起來也完全不一樣了。當年你們很快地結婚，可是在臉書那麼多的文章裡，竟然沒有任何一點跟他有關的訊息。

於是我便忍不住這樣想了，也許那就是所有傷心人都會有的蒙蔽，我們總以為自己是正在墜落，卻不知道自己其實是正在爬高。而那場分離，並不只是一場分開，而是一種命運的決裂。你們從此走上了不一樣的人生，好在他沒有繼續耽誤你，否則你真的會願意為了他停滯不前，然後跟他一樣，把人生過成後來的那個樣子。

可是我還是會保有你在我記憶裡的樣子，你還是我在那場記憶裡最親愛的人，因為那也是我的青春，而我也曾經在那場青春的記憶裡，看見過那麼燦爛的自己。

「我們往那邊走吧！那裡才是旗津最漂亮的地方。」突然有一個朋友這麼說。於是我們便跟著朋友走，就在沙灘的旁邊，突然出現了一個隧道，我跟他在隧道裡並肩走著，我突然牽住了他的手，兩個人就那樣慢慢走著，沒有人知道我正在想什麼，我想起二十幾年前那個旗津的夜晚……

一走出隧道我就看見了那個最美的夕陽，那絕對是跟當年同一片海，那是此刻海面上的萬道金光，「哇！好美喔！」友人忍不住讚歎出來。

　　沒有人知道，就在那一刻，我完成了那個誓言。

角子作家您好
忍不住想與您分享我的喜悅
之前還經歷著失戀的痛苦
現在我要結婚了 😃

婚期在明年一月
房子最近也訂好了
我突然有感而發地很想謝謝
角子及我自己

謝謝角子，是因為您的書及
文章陪伴了我無數的日子，
讓我每次覺得要不行的時
候，看了看會讓我又有動力
往前走
　（一直到現在我在FB
或IG也是時常看著您的文
章）

謝謝我自己，是謝謝自己當
時的堅持，才能成就現在的
幸福🥹

跟現任在一起慢慢找回自信
的自己，也發現原來我也能
這麼值得被愛

角子說的沒錯
：看得見你的（好）的人，
才能給你幸福

謝謝角子 往後繼續支持您
✌️

謝謝妳，我也跟妳一樣，
很感謝當時的自己。

照片提供 │ Aquarius Dolphin

你會開始擁有許多
「一個人」精采的故事

後來，你一個人去了許多地方，
一個人看見許多事情，也開始可以一個人微笑。

你不是越來越習慣寂寞，你是正在開始享受自由。

你再也不會回去那樣的世界了。
你再也不要在那個「我們」的世界裡，
卻只能自己跟自己對話。
你再也不會迷惘地問了所有的人，
卻唯獨無法跟他商量。

一個人，不是遺憾，而是你對愛的堅持。
一個人，不是缺陷，而是真正的完整。

你會開始擁有許多「一個人」精采的故事。

不管幸福是很快還是晚點來，
在發生之前，你都會先讓自己幸福。
這世界幸福的樣子很多，最完整的，就是你給自己的幸福。

Story 5.

中點

「親愛的角子,二〇一九年是我重生的第一年,就像我當時對你說的,二〇二〇年我要開始帶自己踏上新的生命旅程,我做到了!今天是二〇二〇年的二月四日,是我重生後的兩歲生日,我真的如願到了奧地利的哈爾施塔特,在這個被稱為『世界最美小鎮』的地方,祝自己生日快樂,也跟你分享我的喜悅。」

這則小螃蟹從奧地利發給我的訊息和照片,直到現在,都還被我保存在手機裡。

我曾經寫過小螃蟹的真實人生故事,名字叫做「小螃蟹的旅程」,收錄在二〇二〇年出版的《你不是失敗,你是值得更好的》一書中。

「角子,你看過菜市場裡裝螃蟹的水桶嗎?裡面的螃蟹拚命地想爬出來,想從那個桶子逃出去,你知道那有多困難嗎?!我

從小生長的環境就是那樣的。」我還記得，這是當年我跟小螃蟹
見面時，她描述自己的第一句話。

她說媽媽來自一個困苦的家庭，所以沒讀書，從小外婆就要
媽媽用身體去賺錢；爸爸愛賭博，把家裡的一切都輸光。在他們
家裡「錢」是最重要的東西。笑貧不笑娼，對絕大多數的人來說
只是一個會出現在書本裡的形容詞，卻是她從小就必須赤裸裸面
對的世界。

國三那年，她在工廠打工幫忙家計，認識了老闆娘的弟弟，
她還記得那天她哭著跑回家，她不知道該怎麼辦，因為她懷孕了。
「妳自己做的事情自己想辦法。」那是媽媽給她的回答。後來，
她結婚了，生下了一個女兒。那年，她才十五歲而已。

二十五歲那年，她終於離婚，對她不好的老公最後給她的一
句話是：「妳是一雙沒有人會想再穿的破鞋！」

她沒有家可以回，因為一回家爸媽就要她去酒店上班。於是
小螃蟹展開了新的旅程，她去工廠做工，她遇見的老闆都對她很
好，在一開始沒錢租房子的時候，還讓她晚上睡在公司的倉庫；
她半工半讀，努力繼續在結婚後，就被丈夫要求中斷的學業。她
認真負責，一路從基層作業員，晉升到科技公司的主管；她犧牲
睡眠時間，從高中補校最後念到研究所畢業。

努力的小螃蟹，工作、學業都很順利，她唯一不順利的是「愛情」。她如此渴望愛，在後來將近二十年的時光裡，談了四段感情，卻總是所遇非人，她遇過同時跟多人交往的渣男、曾經為對方背上百萬債務，她在最絕望的時候，想過要結束自己的生命。終於，她在幾個月後又展現出小螃蟹的強韌，開始看心理醫師，終於在二〇一九年開始她的新生。那年，她四十五歲，那也是她的一歲，她說她終於學會「愛自己」。

兩年後，我跟小螃蟹又約在同一間咖啡廳見面。這兩年，我每隔一陣子就會收到她傳給我的近況訊息，她已經不只是一位讀者，而是一個遠方的朋友。

一看到她，馬上就感覺到她的不一樣。兩年前，我第一眼看見的是她的武裝和堅強；兩年後，卻是她的確定和自在。

「好久不見，過得好不好？」我像一個老朋友那樣問她。然後，一屁股坐進那個會讓人陷進去的沙發，覺得能在這樣的一個秋日午後，見一個久違的老朋友，真是幸福。

「好，只是最近公司有個重要的大案子，所以很忙！」她笑著說，留長燙直的頭髮，配上兩個笑得彎彎的大眼睛，又自信又知性。

「這兩年，收到妳許多漂亮的照片，妳開始學攝影？」我說。

「是啊！就是二〇一九年去阿拉斯加看極光，終於實現了夢

想的那次旅程，讓我開始迷上攝影的。」她說。

那年，那是她在阿拉斯加守候的第十天，半夜兩點，零下二十度，她終於見到極光。她扛著從臺灣租來的十幾公斤的攝影器材，在相機的觀景窗裡，對著漫天飛舞的極光熱淚盈眶，她終於實現了自己的夢想，喜悅地抵達了夢想的終點，並不知道，另一個上天正賜福給她的夢想的旅程，才正要展開……

「回來臺灣我就開始去上攝影課。」她說。

她不是玩玩而已，沒多久她就買下了自己的第一臺全片幅相機，和第一顆變焦攝影鏡頭。那一定是夢想無誤，只有夢想才會有那樣的癡狂！每次休假她就去上課，或者帶著相機四處拍照，有一次她在中正紀念堂看見有個人把相機放在鐵盒上取景，不知道在做什麼？她走過去問他，原來他正在拍攝中正紀念堂在雨後水窪中的倒影，熱情的大哥不是只有說幾分鐘而已，他在後來又開始下雨的天氣裡，花了兩個小時帶她去看全園區幾個最佳的取景地點，還用實境教她拍攝建築物倒影的許多技巧，結束後，她又自己一個人在那裡練習了一整個下午。

因為攝影，小螃蟹還迷上騎腳踏車，兩件事情，可以分開，但大多數的時候，都是可以一起享受的。她參加了社區大學的社團，在那裡認識了很多攝影和騎車的前輩。她享受著人生這一路

自然而然的微妙變化，她從觀景窗裡看見的風景、那些騎腳踏車去到的路，都跟她以往習慣看見的世界，如此不同。

「我就是在攝影社團認識他的。」小螃蟹說。

他跟她一樣都離過婚，都一樣熱愛攝影和騎車。他的攝影技巧很好，是社團裡老師級的人物，他們經常討論攝影技巧，互相分享自己的作品，他給了她許多攝影的建議，還帶她去買第二顆廣角鏡頭。他們聊天的話題越來越廣，互通 LINE 的頻率也越來越高，他們不只一次聊到人生跟各自喜歡的將來，她覺得也許是時候了，她把〈小螃蟹的旅程〉全文的電子書檔發給他，她不想隱瞞，那些她曾經走過的路。

結果是，他很快就淡出了她的生活。

她知道那就是其中的一種結果，她接受，在愛還沒有開始深刻的時候，能夠明白對方要的、跟能夠承受的，究竟到什麼程度？她覺得這樣很好，甚至感謝他的無所掩飾。真相並不殘忍；是繼續欺騙自己，才是對自己最殘忍的作為。

跟遺憾無關，甚至稱不上傷，她現在是真的可以把這些經過，都看成是一道人生風景了。

那天，她帶著那顆他們一起去買的鏡頭，還有十幾公斤重的設備，一個人爬到大直的山上，她想拍飛機飛過臺北 101 大樓的畫面。疫情期間國際班機很少，會飛過 101 大樓的更少，連續兩天，她在烈日酷暑下守著天際線，真正有機會按下快門的次數不會超過二十次，她在那些間隔裡想著，從前，每當她又遇見一份感情，就會渴望那是真的幸福，後來，她也沒有因為不是就真的走開，那些因為捨不得和強求，又被她陸續堆上人生賭桌的籌碼，讓她好幾次都輸得孑然一身。她學會了，再也不會了！幸福，就算這一次不是，下一次也還可以是；就算這輩子都不是，那她也沒有對不起自己，還擁有自己給自己最溫柔的擁抱。

　　「角子，當我決定這輩子都會永遠跟自己站在一起，就再也沒有什麼會讓我害怕了。」她說。

　　那天，當她走下山的時候，她這次的拍攝並不順利，因為霾害實在太嚴重了，可是她還是覺得很快樂，因為她還會再來，人生的可能，只要她願意持續前進，隨時都可以有新的展開。

　　「我最近最喜歡的作品是去合歡山拍的銀河，帶著我買給自己的第三顆變焦鏡頭。」她笑著說。她就快完成攝影人「大三元」的夢想，擁有三種必備尺寸的相機鏡頭了！

　　這兩年，她開始愛自己，不只對自己好，也做財務規劃，買

基金、保險，像鏡頭這樣投資夢想的奢侈品，都是等到公司發業績獎金，才會去買。

那趟合歡山攻頂的夜拍，全隊只有她一個女生，她帶著新買的鏡頭，跟著大家在晚上摸黑爬上山，那天的天氣好好，全程意外地順利，可能是因為雀躍，所以她完全感受不到任何辛苦。一整晚，整個天空的星星，彷彿都在跟她說話，嘰嘰喳喳，那是她心中的千言萬語，最後化成那張高清晰版的銀河的照片。

「當你真心渴望追求某種事物，整個宇宙都會聯合起來幫你完成。」那是小螃蟹最後給那張照片的註解，是她在那個星空下，最後對自己說的話。

最近，她開始迷上拍攝人物，想記錄路上一張張平凡卻深刻的臉，她覺得每一張臉，背後都有一個故事。

我覺得我好像懂，那是她從一趟阿拉斯加的尋夢之旅開始，在觀景窗裡找到了她重新看待世界的角度。極光、中正紀念堂、101 大樓到銀河，那些景物，是她跟自己的對話；終於她也開始強大到可以去理解別人，去悲憫另外那一顆顆也許跟她一樣，受過傷的心。

她找過當時留在前夫身邊的女兒，已經三十歲的女兒，對當

時母親的離開並不諒解，她沒有要求女兒的原諒，她知道這世界所有的事情都有它的時間表和機緣。她祈求上天，給女兒最大的祝福。女兒曾經在經濟拮据的時候來跟她周轉，她把錢塞給她，她最想塞給她的是那句話，她說：「不要忘記，媽媽一直都在這裡。」

至於父母，她知道那也是她的人生課題，她還在儲備能量，她希望最後可以把他們接來一起住。

她說也許是自己的歷練夠了，又或者是年紀也該到了，最近身邊的朋友、公司的年輕後輩，在遇到人生問題的時候，竟然都會來找她聊，希望聽聽她的意見。

「真開心知道妳過得越來越好！」我說。
「我會繼續加油的！也很感謝這一路都遇見的貴人，角子你也是其中之一。那天我跟我的心理諮商師說，從前我總是拚命想尋找愛，覺得愛是別人給我的，現在我真的明白，愛就是你自己，現在我不只要愛自己，我還要努力去成為『愛』本身。」她說。

我懂，事實是，她也已經做到了──那也是我的二○二○年的二月四日，我在病床邊守著媽媽，明明世界還在農曆年節的歡愉氣氛裡，我的心卻那麼愁苦，突然我就收到那封小螃蟹的訊息，我點開了那張照片，看見了那個在湖濱的美麗小鎮，然後我想起

了小螃蟹的故事，想起她的旅程、她的勇敢，那麼遙遠，卻又那麼溫暖。

這些年，小螃蟹從那些傷心和失去出發，終於找回了愛和完整的自己，她以為那就是旅程的「終點」，卻其實才是生命的「中點」，只要你願意，生命永遠有新的可能和美好，在等著你。

是的，前方一定也有新的挑戰，在等待著你，但那也是生命的神奇，是每一個勇敢走過的人都明白的，你只要勇敢挑戰過這次，接下來的人生，都不可能更慘了！那就是通過考驗的人，都一定會得到的上天的賜福，接下來你只會更好，而且是比你所想像的更好。

她說她接下來想拍閃電；下一個想去的國家是印度，她想去拍人物。我知道，她都會實現的，小螃蟹從來都不只是說說而已。

「如果可以，希望每年都可以跟角子喝一次咖啡，照一張合照。」她說，然後按下了手機的自拍按鍵，照片裡的我們笑得那麼開心，每張臉，都有一個走過的故事。

跟我在二〇一九年所寫的小螃蟹的故事最後相同的場景，我們在同一個地點，用幾乎同樣的姿勢說再見。

可是這是二〇二一年。我們帶著給予彼此的祝福，繼續往前走。

這一次，我知道，絕對不是故事的終點，而只是中點而已。

照片提供｜Aquarius Dolphin

照片提供｜Aquarius Dolphin

239

國家圖書館出版品預行編目資料

時間，才是最後的答案 / 角子 著 .--- 初版 .-- 臺
北市：平裝本．2022.1 面；公分（平裝本叢書；
第 530 種）（角子作品集；7）
ISBN 978-626-95338-1-7（平裝）

1. 戀愛 2. 生活指導

544.37　　　　　　　　　　　110019816

平裝本叢書第 530 種

角子作品集 07

時間，
才是最後的答案

作　　　者—角子
發 行 人—平雲
出 版 發 行—平裝本出版有限公司
　　　　　　　台北市敦化北路 120 巷 50 號
　　　　　　　電話◎ 02-2716-8888
　　　　　　　郵撥帳號◎ 18999606 號
　　　　　　　皇冠出版社（香港）有限公司
　　　　　　　香港銅鑼灣道 180 號百樂商業中心
　　　　　　　19 字樓 1903 室
　　　　　　　電話◎ 2529-1778　傳真◎ 2527-0904
總 編 輯—許婷婷
責 任 編 輯—陳思宇
美 術 設 計—今叨
著作完成日期— 2021 年 11 月
初版一刷日期— 2022 年 01 月
初版三十四刷日期— 2022 年 12 月
法律顧問—王惠光律師
有著作權 · 翻印必究
如有破損或裝訂錯誤，請寄回本社更換
讀者服務傳真專線◎ 02-27150507
電腦編號◎ 583007
ISBN ◎ 978-626-95338-1-7
Printed in Taiwan
本書定價◎新台幣 380 元 / 港幣 127 元

● 皇冠讀樂網：www.crown.com.tw
● 皇冠Facebook：www.facebook.com/crownbook
● 皇冠Instagram：www.instagram.com/crownbook1954
● 皇冠蝦皮商城：shopee.tw/crown_tw